阅读日本
书 系

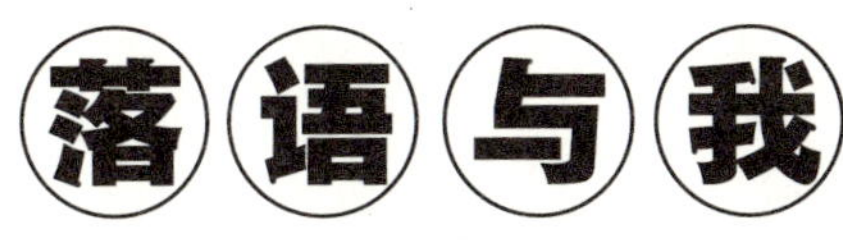

落语与我

[日] 桂米朝 著
王 瑜 译

笹川日中友好基金
The Sasakawa Japan-China Friendship Fund

南京大学出版社

阅读日本书系编辑委员会名单

阅读日本书系选考委员会名单

姓名	单位	专业
高原　明生（委员长）	东京大学 教授	中国政治、日本关系
苅部　直（委员）	东京大学 教授	政治思想史
小西　砂千夫（委员）	关西学院大学 教授	财政学
上田　信（委员）	立教大学 教授	环境史
田南　立也（委员）	日本财团 常务理事	国际交流、情报信息
王　中忱（委员）	清华大学 教授	日本文化、思潮
白　智立（委员）	北京大学政府管理学院 副教授	行政学
周　以量（委员）	首都师范大学 副教授	比较文化论
于　铁军（委员）	北京大学国际关系学院 副教授	国际政治、外交
田　雁（委员）	南京大学中日文化研究中心 研究员	日本文化

前　言

日本人自古就把贪图享乐视为罪恶。这大概是因为人一旦沉溺于享乐就不能勤勉地工作学习的缘故吧。

然而，人们又很清楚，没有了享乐人是无法生活下去的。

所谓享乐，对于有些人来说是阅读，对于有些人来说是运动，对于有些人来说则是旅行，亦或是艺术鉴赏等，总之是因人而异的。

有的上班族把钓鱼当成是最大的享乐，可是对于渔民来说这仅仅就是工作，谈不上什么享乐。有休息日在家组装收音机以此为享乐的人，可也有每天在工厂组装收音机以此为工作的人。

一件事一旦成为工作，虽有快乐但痛苦和烦恼也随之而来。

我少年时已喜爱落语，听着喜欢，读着喜欢，自己也会说一说。从这门艺术我学到了很多东西。通过研究这门艺术，我渐渐也体会到了其他各种艺术的有趣之处。

不过，自从以此为职业之后，随之也产生了很多痛苦和烦恼。有段时期，我甚至为热爱的落语变成了无趣的东西而略感后悔。可过了这个时期之后，我却感受到了此前不曾注意到的落语的有趣之处，也逐渐懂得了这门艺术的深奥之处，甚至通过落语认识到人生观、人活在世上应持的心态、如何体谅他人、如何明辨善恶等等。

此后，我终于能够自信满满地对弟子以及晚辈们说点东西了。

现在我已是知天命的年纪，不过在艺术的世界这才刚刚开始。接下来我还会有变化也未可知，不过在这个时点请允许我写这样一本书。

我无意在这本书里写任何虚假或是夸张的东西。唯愿通过我努力所写，让大家明白落语是门什么样的艺术。

书里也没写什么艰涩难懂的内容，还请诸位轻松一读。

昭和五十年十一月

桂米朝

目　录

001　**序章　诶，插科打诨地来段逗乐的！**

007　**第一章　作为说话艺术的落语**

008　落语·漫才·活辩

012　说法不同竟会天差地别

020　不加说明即能讲清所有内容的说话技巧

024　动作和视线

030　创造立体感的方法

036　为何没有女性落语家

040　**第二章　作为文字作品的落语**

041　名作抑或劣作取决于表演者

053　落语终究能否称为文学

056 洒落的作用是使故事来个大逆转

065 “尸体会腐烂”——各种类型的“落下”

071 古典落语和新作落语

079 落语是一种社会学

082 从落语所学到的

087 关于人情噺

090 **第三章 寄席的历史**

091 落语起源于何时

098 始于露天的上方落语

109 较为考究的江户落语

115 寄席登场!

122 端呗、都都逸、笛、太鼓

128 从容生幽默

134 寄席经营的内幕

138 所谓够格的落语家

143 高座的高度和麦克风

150 与观众窝心地交流

156 **第四章 落语史上的代表人物**

157 从江户到东京

157 立川焉马(乌亭焉马)和三笑亭可乐

160 三游亭圆生——戏剧噺的大师

161 三游亭圆朝——十七岁的真打

174 柳家小样

178 柳家金语楼

184 文乐与志生

188 上方诸家

188 初代桂文治

191 桂文枝

193 第七代桂文治

194 桂春团治

197 第五代笑福亭松鹤

200 落语家的现状

200 前座→二目→真打

202 三大落语协会

205 **终章 言犹未尽**
206 从和服文化到洋装文化
209 因此无法放弃落语
216 晚年潦倒凄凉是早有思想准备的
220 《落语与我》新装版寄语/小沢昭一

序章　诶，插科打诨地来段逗乐的！

昭和三十年代开始，落语在年轻人当中也流行起来。四十年代前后，大学、高中、甚至是初中也都纷纷设立俗称“落研”的落语研究会或同好会。即便是毕业步入社会之后，校友一起创办业余落语团体的人也不在少数。那时的热潮被人们称为“落语热”。虽然热潮已过，如今反倒是在社会上扎根稳固下来的样子。

好，现在开始讲了……

我经常被媒体朋友问“为何会出现这么不可思议的现象”。其实非职业落语的历史悠久，两百年前就已开始盛行，期间虽然经历过荣枯盛衰，但非职业落语的完全消失不过是昭和初年到二战后不久仅仅二十年不到的时间里的事，这么说一点也不夸张。

也就是说，落语在二百年间只有过一小段时间的间断。昭和二十二年起，业余爱好者的落语团队在京都又重新活跃起来。

从天明（1781—1789）到文化文政（1804—1830）年间，再到天保（1830—1844）年间，非职业落语盛极一时，还出现了专门的排行榜。在江户和上方成立了许多命名为“某某连”的连合会团体，当时演艺界人气排行榜中除演员、净琉璃的太夫、讲释师、落语家之外，还专门设有非职业落语家这一项，受欢迎的业余落语家的名字也会出现在排行榜中。

不过，这些只是江户、京都、大阪、名古屋这样一些大城市才有，落语这项艺术当时只是在城市比较盛行。

刚才我提到了“上方”这个词，接下来也会经常提到，所以在这里先说明一下。上方指京都、大阪等关西地区。这是因为京都曾为都城，所以人们从前都称这一带为上方。迁都江户后东京变成了首都，按说也应该改称东京为上方，但是遵从以前的习惯，人们现在仍然还是称京都、大阪为上方，特别是在演艺界，上方落语、上方歌舞伎、上方舞蹈等叫法非常多。

时至今日，东京和关西之间坐新干线只用三小时，信息的交流、物品的价格、流行的东西也没有太大的差别。尽管如此，在风土人情、人文风俗上还是可以看到很多不同。更何况是在五、六十年前，很多东西都完全不一样，再追溯至江户时代的话，那差别甚至会让人觉得是外国了。

上方和江户几乎是在同一个时期形成落语这门艺术并发展起来的。而且，上方和江户之间从江户时代开始就已有交流。尽管如此，两者在特征上有很大的差异却也是很自然的事。

为了说明落语到底是一种什么样的艺术，我拜托了很多人，希望他们能提一些关于落语的简单问题。不过，我周围的人基本上对落语都有较深的认识和理解，让大家回到初学状态提一些简单的问题，反倒让不少人感到为难。即便如此，我还是利用去各地的机会跟很多人（主要是年轻人）进行交流，搜集到了下面这些问题。

○为何称为落语

○为何落语家要穿着和服拿着扇子坐着讲

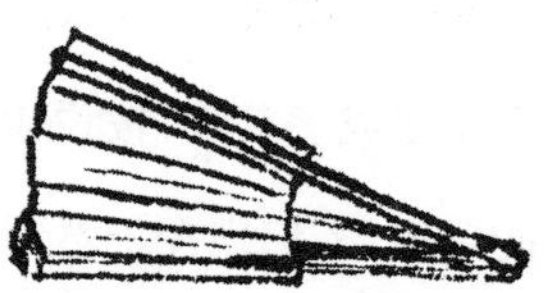

○为何没有女落语家

○落语和漫谈有何区别

○是否有被称作古典落语的特别的东西

○什么时候开始有落语这项艺术的

〇上方落语为何会放见台[①]、膝隐[②]之类的东西

〇年轻的落语家会讲一些有趣的段子，为什么有人会说那不是落语

还有很多有趣的问题，例如："为什么所有人开场的时候都会说'诶'[③]"，"是不是每天都对着镜子边研究表情边练习"，也有问"学费每个月要多少钱"的。

另外，还有一些令人惊讶的高水平问题，例如"现在松鹤表演的《骆驼》和以前被称为名家的桂文吾的《骆驼》是一样的么"，"戏剧落语《蛸芝居》里面的各种桥段是从哪个狂言中借鉴过来的"这样的问题。这些先暂且不论，最初的几个问题可以说是能够触及落语本质的问题。

如果回答了这些问题的话，其实都能写成一部很好的落语论了吧。

首先，请问各位有听过落语么。无论是在电视上、收音机

---

* **本书中所有以脚注形式出现的注释均为译者注。**

① 见台：阅书架。把书籍放在上面以便阅读的架子。

② 膝隐：用于遮住表演者膝盖的屏风。

③ 日语为"エー"。

里或者是在落语高座[①]的现场……如果只是在电视或收音机中听过的话，希望大家也能到现场听一下，要到条件比较好的地方哦。如落语寄席[②]或是专门听落语的会场。在条件好的地方听和条件差的地方听相比，同样的表演者讲同样的段子，会有八十分和四十分的差别呢。

落语家既不需要化妆也不需要穿特殊服装，都只是素颜穿着高座服，外加上折扇和手帕，既没有舞台背景，也没有小道具。靠的就是嘴巴讲的功夫，因此气氛尤为重要。

最近，出现了“话艺”[③]这个词。虽然是在最近几年才开始使用，却是个非常妥贴的词。是说话的艺术、谈话的艺术，而落语本身就是仅靠说话的一门艺术。我将先从这个角度谈起，然后逐一解答前面的问题。

---

① 高座：落语表演中为了让观众看到演出而设的比观众席高出一截的台子，相当于剧场中的舞台。

② 寄席：进行落语、讲谈、浪曲、漫才、杂耍等大众曲艺表演的场所。

③ 话艺：落语、讲谈等以说话来让人愉悦的艺术。

第一章　作为说话艺术的落语

落语·漫才[①]·活辩

何谓落语，又何谓落话，为何将其称为落语？这些问题暂且不讨论，我想先谈一谈作为说话艺术的落语。

另外，以文字形式呈现的落语也是一个需要探讨的问题，这个稍后再说。

话艺——提到说话的艺术不知道大家会想到什么？

首先会想到的是落语、讲谈[②]、漫才、浪曲[③]中的台词（没有旋律的部分），再扩大一下范围的话，街头叫卖等或许也能算是一种艺术，这些在这里先略过不谈。狂言——可以说的上是日本最早的说话艺术，由于其始终还是附属于能乐，因此还是将

① 漫才：漫才通常由两人组合演出，一人负责较严肃的找碴角色，另一人则负责较滑稽的装傻角色，类似中国的对口相声。

② 讲谈：日本大众说唱艺术的一种。在日本固有的说唱艺术中指对听众们说历史故事或虚构故事的那种。初称讲释，明治后称讲谈。

③ 浪曲：或称“浪花调”，民间说唱故事的一种形式。江户时代末期产生于大阪的说教调和祭文歌谣，由三味线伴奏，分说和唱两部分。

其纳入音乐、戏剧的范畴。

不知大家是否有看过无声电影，那是在九十年前（1895 年）发明出来的。不过自 1929 年有声电影出现后，无声电影就被彻底取代了。当然，最近偶尔上映无声电影的时候，出于怀旧和新奇的心理，还是有很多人会去观看。

在无声电影上映时会配有讲解内容的人，这些人被称为活辩（对活动写真[①]辩士的简称）。所谓“活辩”，就是负责电影中登场人物的台词以及旁白的人，以前任何一家电影院都配有好几名辩士和配乐的乐团。现在无声电影用的音乐好像都是录音带播放的，而在从前大多是配合辩士的台词提示，用日式和西式乐器合奏的方式现场配乐的。

① 活动写真：日语中“电影”的旧称。

可以说电影的辩士——活辩是一种非常厉害的说话艺术。辩士的好坏甚至可以左右一部电影本身有趣与否。略无聊的电影，辩士好的话也能让观众很感动，博得满堂彩。反之，即便是好的电影作品，如果辩士的水平比较低，观众也可能会感到失望，嘴里嚷嚷着“太无聊了”悻悻而归。碰到情节复杂、心理描写较多、相对前卫的西方电影的话，甚至有可能电影看完后都无法搞清楚其中的情节。

有一个比较夸张的例子，说是以前有一位有名的辩士，在放映电影的技师搞错了胶片的顺序，令电影情节前后颠倒的情况下，还能通过巧妙的说明将整部电影很好地衔接起来。厉害的辩士可以通过讲解的技巧来传达电影画面中未能表达的内容，给观众带来愉悦。可以说正是辩士给了技术尚不成熟的电影很好的补充，让画面内容更加丰满，刺激了观众的想象力，并将观众带入到电影中。

连环画剧[①]也是类似的情况。原本是静止画中的人物，通过巧妙的解说而变得鲜活起来，孩子们也随之或紧张或激动，甚至开心得呵呵直笑。孩子们总是会记得解说很厉害的叔叔，一到他讲解连环画剧的时候就会聚集在他的身边。

---

① 连环画剧：日语为“纸芝居”。一种把故事情节等绘成多幅画面装入相框，依次让人观看，同时念对白解说的曲艺形式。类似中国的传统民间艺术“拉洋片”。

实际上这些都是非常好的说话艺术。

不过这些说话艺术中还有画面或图片之类的媒介，又或者说讲解之人是画面与观众之间的媒介。但在落语中却没有这些东西。

这里就说一说落语、讲谈、漫谈[1]这三种一个人演绎的艺术吧。这些都仅靠口头讲述而不需要使用任何工具，但作为说话艺术却又各具特点。

接下来要讲的内容可能会略有些难懂，甚至让人觉得晦涩无趣，但这些却是讲解落语时最重要的东西，也是落语这一说话艺术在这世界上是独一无二的证明。至少我在表演落语，或者教授弟子时都是以这些为基础的，并且这些东西还涉及落语的核心，因此，还请大家耐着性子听我多说两句。

---

① 漫谈：曲艺形式之一，以世相等为话题。含带讽刺批评的轻松巧妙的说话艺术。

说法不同竟会天差地别

老人家经常会拉上孩子或者孙子讲一些陈年往事给他们听，这其实也是一种说话艺术。这种情况下的讲法通常是“我的爷爷，当然，那个年代还是结着发髻的。那时的我才七岁，现在已经是集市的地方那时候还是一片竹林。爷爷牵着我的手扫墓归来，看到附近的小河里有东西在闪闪发光，我觉得很好奇就停下了脚步……”

用这样的方法讲述陈年往事，完完全全是以爷爷的身份在讲故事给大家听。即使故事内容不是自己经历过的，甚至是关于以前的君主的故事，也都是从爷爷的角度讲给孙子听的。

前面提到的电影辩士也好，讲连环画剧的叔叔也好，其实也都是采用同样的讲述方式。

电影辩士通常会用这样的口吻讲解：“勤皇佐幕，世分为二①。

① 勤皇佐幕：拥立天皇或者辅佐幕府，世道分为两派。

在动荡的乱世中，京都巷子里夜幕降临，新选组[①]武士正三三两两地聚集在一起，'桂小五郎[②]会在今晚出现没错吧？''肯定错不了！''好！大家分头行动！'说罢便消失在夜幕中……"

连环画剧则是这样的："……健一还是感觉非常不安，'叔叔，我还是先回一趟家吧。''没事，我已经跟你妈妈说过了'……黑框眼镜男子随手将健一拉进了汽车里"。

这些说话艺术，在讲述时会加入对话，但主要还是靠旁白来推进故事情节的发展，这和刚才说的爷爷讲述陈年往事的形式基本是一样的。

其实，讲谈、漫谈的讲法也可以说是一样的。

说到漫谈，牧野周一、西条凡儿这些表演者都喜欢向听众搭话，例如"前两天有这么个事儿……""看了昨天的报纸……""出租车费涨价了吧……"等，是从这样一些闲聊开始引入话题。

正在进行漫谈表演的牧野周一

这是一种非常典型的表演者向听众搭话的方法。你或许会觉得，

① 新选组：镇压勤皇派的幕府警备队。

② 桂小五郎：勤皇讨幕的领袖。

本来是说话的艺术嘛，这难道不是理所当然的吗，请先不要这么说，让我慢慢解释。

讲谈也一样，是讲释师[1]给听众讲故事的一种表演。无论怎么表演，神田伯山就是神田伯山，宝井马琴就是宝井马琴[2]，都是以讲释师的角度在讲。

但是，落语就有些不同了。

举一个讲谈的例子。

“文政十一年六月，炎炎烈日下热得连一丝风都没有，有个约摸二十五、六岁年纪眼神不是很好的男子，挽起衣袖的左手腕上刺青若隐若现……只见他右手粗暴地拉开格子门，说声‘不好意思’就进来了……”

正在进行讲谈表演的宝井马琴

原本讲谈采用的是由讲释师向听众讲解说明的说话方法。这与佛教的说教者、江户时代流行的心学讲释（将处世之术、人生

① 讲释师：类似于中国的说书人。

② 神田伯山、宝井马琴：两个均为说书艺人的名字。

哲理，从精神修养的角度通俗易懂地进行讲解的学问）、神道讲释（江户后期借《古事记》《日本书记》来讲解日本古神道的学问。和佛教完全对立）都一样，甚至可以说，和现在学校里教师给学生讲课的讲法也有类似之处。不过，前面这个例子如果用落语的方法来讲的话，首先会从那句“不好意思”开始讲。然后通过后面的表演，传达出那是一个烈日炎炎的夏日，男人有二十五、六岁，脾气粗暴还有些怪癖等信息。换句话说，实际上就是说明和描写的差别。

当然，在落语中也会使用讲谈那样的讲法。那样做并不是不好，只不过落语有明显区别于其他表演的特有技巧。关于这点，下面我会具体解释。

和前面提到的各种表演一样，落语的表演者也会向观众搭话，但是在表演过程中表演者本身会从表演中消失。

当然，我们经常会说，无论是讲谈还是浪曲，有名的表演者在表演时其本人都会消失，而将听众整个地带入故事的世界中。这种表演者的消失和落语中表演者的消失意思又不一样。落语中无关乎表演者的好坏，表演者不登场的这种特有的说话方法、讲述方式，其本身就决定了表演者不会频繁出现在表演中。如果再做一个比较的话，讲谈会这样演绎：“对着热泪潸潸哭个不停的小姑娘，源七有点束手无策，‘好了别哭了，那么我送你回家帮你跟你父亲说吧'……小姑娘丝毫没有停止哭泣，抽泣着说'不要了，现在回去也没用了。''你要那么想不开的话可就没办法啦'……源七一边苦笑一边缓缓地抽着烟看着小姑娘的肩膀……（拿着张扇的讲释师在这里通常会"啪"地敲一下）'喂，你脖子根上长了一个形状很奇怪的痣啊'……"

这段内容如果用落语的方法来讲的话，简单地说，会将那些旁白（除了人物对话以外的说明和表述）都拿掉，全部以对话的形式进行演绎。

"（以拿小姑娘没办法的语气）好了别哭了，那么我送你回家帮你跟你父亲说吧。""（肩膀颤抖哭个不停的样子）不要了，现在回去也没用了。""你要那么想不开的话可就没办法啦"（动作上一边苦笑一边假装扇子是烟管缓缓拿起来抽，同时留出一点时间，目光由小姑娘肩膀转移到脖子上）"喂，你脖子根上长了一个形状很奇怪的痣啊……"落语通常会这样表演。

讲谈也可以称为讲释，就是讲解说明的意思，原本是为了将《太平记》《汉楚军谈》《三国志》等通俗易懂地讲出来，所以讲释师中武家出身的人较多，大多是硬汉性格，很难演绎小姑娘抖动肩膀哭鼻子的样子，即使演绎也会很不自然。另外，讲谈原本就是穿插以人物对话靠旁白的说明来演绎的，和前面的活辩与连环画剧的方式是相同的。因此，这样一种演绎方法很正常，并不存在孰优孰劣的问题。

落语的演绎方法是后来才形成的，可以说是比较近代的、改进过的，其好坏另当别论。而我自己就很喜欢讲谈，以前也经常到讲释场听，相当沉迷这门说话艺术。

与讲释师始终只是作为讲释师去说明源七和小姑娘的状态相比，落语家在说源七的台词的时候就化身为源七，讲完源七的台词后又马上变身为小姑娘去说她的台词。因为要带有感情地演绎特定场景中的台词，所以和演员扮演剧中角色一样，只是落语家需要不断切换角色而已。从源七的角色切换到小姑娘，然后又迅速切换回源七，以此不断推进故事发展，所以表演者自身就消失了。

前面数次提到了表演者向观众搭话的表演方法。落语也一样，落语家是面向观众表演的，所以也会向观众搭话，但是方式又和其他说话艺术有所不同。

落语家登场后会先向观众行礼，之后会讲一些业内称为“枕词”①的话，然后才开始正式表演。总之，在进入正题之前会讲各种各样的话题。因为是置于正式表演之前一登场就讲的，

① 枕词：落语正式开始之前，用于暖场的且与当天落语内容相关的话题。

所以称为“枕词”。这个阶段是表演者自己在向观众搭话，所以和前面提到的漫谈并没什么差别。

落语会利用一些契机开始其正式表演。

“你好。”

“啊，是你啊，请进。”

向观众行礼后开始表演

比如以这样的台词进入正题。这里的“你好”并不是表演者对观众说的，而是对故事中的某个人物说的。“啊，是你啊……”也是故事中的人物对打招呼的人的回答，而非对观众说的。就这样，以故事登场人物之间的台词和对话来推动情节发展，观众也跟在旁观表演一样，落语家自然不会跟观众搭话。当然，其间也会有以叙述（并非登场人物台词的地方）的方式进行说明的时候，也就是通常所说的旁白。不过，一直以来这叙述部分都被要求越少越好、越短越好，可以没有的话最好就不说。

但是，这些叙述部分有时又很重要，没有它故事就没办法推进。而且，这个部分还是以表演者本人的身份，如是米朝表演的话，就是米朝这个落语家在对大家讲。不过，虽然要视讲述内容而定，但我认为还是不应该以米朝这个个体的角度来讲，而应以一种去除个人色彩的方法来讲。需要说明的是，不带个人色彩的讲解并非是要求不带任何感情尽可能简单地朗读。无论怎样不带个人色彩，米朝就是米朝，不是故事登场人物的台词，那自然就是米朝对观众说的。但这一部分和枕词不同，故事已经发展到一定的阶段，既然已经将观众带到了明治或者江户年代，作为昭和六十年代的米朝就不能用米朝的身份再对观众说话了。为了不破坏当时的气氛，或者说为了更加烘托气氛，必须用最适合那个情景的讲解方式。

不加说明即能讲清所有内容的说话技巧

刚才提到的落语家的说话和表演方式，并非是一开始就是这个样子的。最初其实是非常简单的，就跟爷爷给孙子讲故事是一样的方式。

结尾的台词往往会加上一句"……不禁评论说"，甚至是加上"简直蠢到家了"，像这样的一些表达作者或是表演者感想和评论的话。当然，这些和现在一些落语家在讲有趣的小段子时说"有个很蠢很滑稽的故事……"进而过渡到下面的内容其实是一个意思。

比如，在人很多又进行道路施工的地方，一辆满载灯笼的汽车经过。稍过了一会儿，又有一辆灯笼堆的像山一样的汽车经过。再过一会儿，又是一辆满载灯笼的汽车经过。工头似乎有感而发，不禁评论说："嗯，看样子前面有个很黑的地方"。

这是一种比较旧的演绎方式，也可以把最后的部分演绎成："嗯！看来前面肯定有个黑的不得了的地方！"，只说这句话就好，不加“不禁评论”等词句，同时前面的“似乎有感而发”这一说明也只通过感情和语调来表现。这样，落语的说话方式就变得越来越洗练了。

所有妙趣不必一一进行说明就可以传达给对方，这才是最佳的方式。而落语采用的就是这种减少说明逐步让观众领会的表演方法。

如果是戏剧的话，大幕拉开的时候道具就已经摆放在那里，看一眼就明白了。

是热闹的祭祀场、荒凉的山间，还是街边小道；登场人物是武士、僧侣、村姑，还是路人，一看道具马上就可以知道。可是在落语中，就如刚才所说，装扮等等一切皆无，就主要靠落语家的讲解来让观众明白。

有个叫做《宿屋[①]仇》的段子。上方落语中是以大阪的日本桥客栈街为舞台的，在东京题目则变为《宿屋之复仇》，这个原本是大阪的落语。先说明一下，这个落语中是以大阪日本桥旅馆街中的某间客栈为故事舞台的。

“喂，有人么？[②]”（只从这句话就可以知道此人应该是武士）

---

① 宿屋：旅馆、客栈。

② 原文是“ゆるせよ”，是武家用语。

“哎，您来啦！”(这里的语调为男性，听起来像是客栈的人)

“纪州屋源助是这里吗？”

“是嘞，我们这里就是纪州屋源助。”(这就知道了客栈的名字)

“你就是老板源助？”

“不，小的是客栈伙计。”(原来此人不是老板，而是伙计)

“呵，你这头发都秃的差不多了，还说自己是‘小的！’”

“不好意思，让您见笑了。在这里做事的不管多大年纪都是称‘小的’。”

“这样啊，你叫什么名字？”

“我叫伊八。”(终于知道这个秃头的中年客栈伙计的名字了)

“什么，是那个吗，从鸡屁股吸血的那个？”

“那是 I TA CHI，我的名字是 I HA CHI。”①

“哈哈，原来是这样，那什么伊八，几个小钱你拿好了。”

“哦，这个拿给柜台做茶水钱吧。”

“不是茶水钱，是特别给你的。”

“啊，是给我的啊，谢谢您的打赏。”

“你这么说也行，其实里面也不到两株钱(一株是一两的十六分之一)。”

---

① 伙计的名字是“伊八”，日语发音为“I HA CHI”，武士听成“I TA CHI(黄鼠狼)”，所以才会问伙计是不是吸鸡的血的“那个”。

“真是太谢谢您了。”

讲到这里，过路的武士以及中年的客栈伙计的样子就像戏剧或像电视场景一样立体地浮现在观众的脑海中，故事也就可以这样逐步推进了。

无需过多说明就能让一草一木立体地展现出来。要达到这个程度，光靠嘴巴讲是不够的，还需要通过动作、眼神等各种各样的技巧。有些听了录音、磁带自学的业余爱好者可能讲得比一些水平差的专业人士还要好，不过这种往往在收音机里听一下觉得还行，如果是在现场看的话还是会让人觉得不够专业，主要就因为缺乏了前面所说的那些技巧。

接下来就从技巧层面来谈一谈落语的表演。

动作和视线

如果只是两人对话的场景，稍微注意一下就可以区分出不同的人物角色。面朝右说一句台词再面朝左回答，就可以让人明白是两个人在对话。

不过，表演中有一些约定俗成的规则，掌握这些也是非常必要的。这里并不是说因为是以前定下的规矩就一定要遵守，而是遵照这些规矩更容易向观众传达表演的内容。

首先，从观众席看过去，舞台的右边称为上手，左边称为下手。不仅寄席的高座这样区分，就日本的艺能表演而言，无论是传统戏剧还是其他任何表演的舞台都是一样的。

表演落语时最好能将舞台的情况了然于胸。比如在戏剧表演中，由于观众席在正前方，如果表演两个人物面对面谈话时也完全正对观众的话，则另一个人将背对观众，如果是横向对面而坐，则观众只能看到侧脸，所以大多都是略微侧身对面而坐的。

落语表演也是一样，虽说是面朝右说一句台词再面朝左回答，也都是稍微侧身斜对观众进行表演的。

另外，戏剧的木户[①]通常设在舞台中央比较靠下手的位置，与观众席呈直角设置。因此，登场人物从花道或者下手方向出场时，都是一边说着“对不起”，一边朝着上手方向上台的。在落语中，表演者演绎打招呼说“你好”时也是朝着上手的方向，也就是稍稍朝着自己的左边的。回应的角色则朝着下手，也就是朝着右边说“噢，请进请进”。

以“你好”“噢，请进”……这种方式开始的落语不胜枚举，可是严格来说，这些落语的开场却又各自不同，只要听一下开场白就能判别表演者能力的高低和表演水平的差异，而有“这人挺厉害”“这人经过严格的训练”“这人应该只是自听自学的”等等感受。

在开场的时候说“您好”“请问有人在么”，还是说“你好”“有人么”[②]；是非常有气势地说，还是平静地说，都会有很大的区别。由此可以判别出男女、老少，是工匠、手艺人还是商贩，是冒失的男子还是沉着冷静的人；还可以判别与说“噢，快请

---

① 木户：演员出入口。

② “您好”日语原文是“こんにちは”，“请问有人在么”原文是“ごめんください”，这两种说法较为客气。“你好”原文是“コンチハ”，“有人么”原文是“ごめんッ”，这两种说法较为随意。

进”的应答者之间谁的身份地位更高一些。另外，没有什么特别的事情只是串门闲聊的时候，和为了借钱什么的登门拜访的时候，因目的不同，说话的感觉肯定也不一样。再者，大热天和大冷天，这些季节方面的因素也需要考虑进去。还有一点非常重要，即故事场景中房子的大小和构造。既有打开门就可以一眼看到后门的房子，也有打点得更加精致漂亮些的房子。“嘎吱”一声拉开门就看到主人坐在那里，还是从另外一个房间走出来说“噢，快进来”，这些就是从应答者的角度需注意的问题了。

和边说“你好”边进屋的人物一样，当主人看到来客时说“噢，快进来”，其语调、视线和态度也是各种各样的。看到来客

的瞬间说“噢”的感觉也会因对方是隔壁的邻居，还是久不登门的稀客，又或者是完全没料到会登门的人而完全不同。另外，根据落语的内容，如果来客是那种看到就不想说什么好话的人的时候，在面部表情上也需要有相应的反映。单就“你好”“噢，快进来”这些简单内容，就能根据需要区分出不同情况进行表演，这才算专业的落语家。

当然，也可能有人会说：“你想的和说得有点复杂了。没带那么复杂的想法而表演落语的人比比皆是，他们不是也讲得很有趣么……”确实有很多落语表演只是非常简单地说“你好”“噢，快进来”，不加任何修饰，这也并无什么特别不妥之处。但是，这些也确实是落语表演的基本功。如果一开始就把这些想得过于简单，就无法将内容相对复杂的故事充分地立体化地展现出来。

假设是阿熊或者老八[①]边说“你好”边推门而入，屋里的老者则招呼说“噢，快进来”，两个人坐下。按照刚才提到的要领，两个人物之间进行对话，老者请来客喝茶道：“请喝杯茶吧”，阿熊将茶碗拿起来喝，喝罢再放下茶碗。即使是这样简单的动作，考虑两人之间的距离，如果扮演老者时不考虑好将茶碗放

① 阿熊（熊さん）本名熊五郎，老八（はっつぁん）本名八五郎，这两人和下文出现的老者（隠居さん）都是古典落语中经常登场的人物。

在阿熊膝盖的哪个位置(是右侧还是左侧,还是正中央),后面扮演阿熊拿起茶碗喝茶的动作就没法做。

如果完成这两个动作的时间间隔过长,观众就会感觉突兀,脑海中已经形成的画面感就会消失崩塌。也就是说他们将失去继续听下去的兴趣。

接下来,阿熊想跟老者借出席婚礼用的和服短外褂和裙裤。于是老者对着老婆喊:“喂,把我的和服短外褂和裙裤拿给他”。这样的情节发展要求表演者对房子的格局,至少是舞台场景中观众看得见的地方的布置考虑得很清楚。首先,朝向左边,也就是与阿熊所坐位置相反的方向跟老婆讲话,或者是向着下手方向的较远处,这两种都没问题。但如果表演者自己想不清楚的话,就会影响到后面的表演。

“什么?不知道怎么穿和服裙裤?男人居然不懂得怎么穿和服裙裤,真是让人伤脑筋……啊,还是先放在那边吧。”

在这个台词中“……”的地方,代表老者的老婆拿着和服短外褂和裙裤走了出来。这主要靠神情(眼神)来表现,让她把衣服放到自己面前。这种方式可以说是落语所独有的、比较便利的表现手法。刚才那一小段老者的台词其实把阿熊说的“其实能把和服裙裤借给我最好,不过我不知道裙裤的穿法……”也包含在内了。另外,假如刚才对着老婆的讲话是朝着上手方向说的，那老婆也会从上手方向把和服短外褂和裙裤拿过来。所以，在说“男人居然不懂得怎么穿和服裙裤，真是让人伤脑筋啊”这句台词的过程中，脸必须转向上手方向，接着再把视线从老婆身上转移到自己面前，说“啊，先放在那边吧”。最后也可以用手指一下面前的位置。

假如此时阿熊从自己的膝盖面前将和服短外褂拿起来说“真是件不错的短外褂啊”之类的话，那前面形成的整个位置关系就全崩塌了。阿熊要拿短外褂必须伸手到老者面前去拿才对。对于人物的位置关系了然于胸的表演者是不会出现这种错误的。

因此，落语表演中视线、眼神的使用非常重要。刚才举例的“你好”“请进来”的对话也是这样，主人看到客人的时候，主客之间是有一定距离的。当主人招呼说“请进来”后，客人就进到房间里，动作和动作之间的时间差虽然微小但还是有一定间隔的。这个间隔会越来越小，等客人坐下后就变成两个人物面对面说话。在做这一连串的动作时表演者的眼神也要不断变化。下面我再谈一谈视线的问题。

创造立体感的方法

表演中用食指指事物也是有要领的。据说能的表演者都要学习做动作比谣曲慢上一拍的表演方法。例如，听到“月亮”的谣曲之后再指向月亮，听到“花”这个词之后再看花。落语也是同样的道理，先说“火盆”然后再去指，那么观众就可以顺着表演者所指的方向，想象着自己看到了火盆。

观众听到“那个钱包……”的台词时，表演者马上向前一指，同时将视线也转向那里。这样观众也似乎能在表演者所指的地方看到钱包一样。但如果先什么都不说，只是茫然地用手指指向一个方向，然后再说“那个钱包……”的话，指的这个动作的效果就会差很多。

又比如，用目光追赶跑出去的男子时喊“喂，等一等”的时候，或者指着远方说“你看，那边能看见亮得晃眼的白墙吧”的时候，视线的演绎方式也非常重要，这时距离的远近全靠眼神来表现。

表演五、六个人在同一个场所的时候也是这样，如果不充分考虑位置关系并用视线加以区分的话就会分不清谁是谁，最后弄得很混乱。而房间的大小也要靠目光来表现。就连大人和小孩的对话，也可以有明确的视线变化。

在大家比较熟悉的《初天神》中，父母牵着孩子的手边走边说话的场景也是用视线来生动展现的。大人朝下看着孩子的脸说话，孩子则斜仰着脸视线向上朝大人的方向说话。接着，当视线转移到周围的小卖铺的时候，话题也随之转移到糖果店、烤丸子上。

在甲和乙的对话中，甲在说话的时候实际上是在对乙进行描述，这是通过目光的活动来表现的。

“喂喂，哪有人用抹布对着榻榻米的纹路横着擦的呀，竖着……沿着纹路擦！笨蛋！……在那里叽叽歪歪什么呢。……抹布不是挂在那里么，太不中用了，真是的……”

这是甲的台词，但其却在生动地描绘乙的状态。按照这个台词，表演者视线先朝向榻榻米，再扫向乙的脸，然后转移到耷拉在那里的抹布上。也就是说，甲说的话都是在描绘乙。同样，乙说台词的时候也是一边用目光来描绘甲的状态一边说的。

也就是说，虽然当甲说话的时候，表演者是作为甲这个人

物来表现甲这个角色，但事实上，却是通过甲的目光以及台词的内容来描绘乙的状态。

这些真的是很高深的技巧问题，很难用文字表达。可以说是靠眼神来表演，由师傅秘传弟子的技艺。

介绍一下名为《壶算》的落语吧。这也是个上方落语，两个男人去陶器店买水壶（在东京说水瓶应该更容易懂吧），陶器街上的陶器店一间接着一间，两个人就沿着一间间店铺边走边聊。表演者通过目光的移动来描绘两侧的店铺。接着，到买水壶的时候想结账却搞不清该付多少钱。掌柜算得乱七八糟，脑子也越来越混乱，拿着算盘不知道从何算起。这时来了个买炭炉的客人。掌柜随便地应付了一下，打算继续打算盘算账。就快算对的时候，买炭炉的客人却好巧不巧地来问问题。虽然这个买炭炉的客人是逗乐的重要存在，但在两个场景的往来中，这个客人没有说过一句台词。所有都是掌柜一个人在说，但对于观众而言，却能感受到两人之间台词对话的乐趣。这就充分表明了说话的时间间隔和表情虽然重要，但视线的作用也是不容忽视的。

在练习的阶段可没有人一条一条把这些要领教给落语表演者们，他们都是在长年累月的表演练习中逐渐掌握的，或者说是在无意识的情况下领会的。

那么这种表演方式到底从何而来呢?

有一个词叫“仕方话”[①]，这正是指的落语，在江户时代落语也曾被称为“仕方话”。

有个叫《八岛》的能剧间狂言——“间狂言”是用来衔接能剧的前半场和后半场的，由狂言师进行表演——很有名的“那须的故事”就是其中之一。狂言师要以一人之力表演著名的那须与一[②]射中箭靶的故事。为了区分三、四个不同的出场人物，表演者首先要在舞台中间扮演源氏的大将，说“没人能担当这个远射手么?”然后再面无表情地站起来走到下手方向坐下，朝

---

① 仕方话：日语为“しかたばなし”。

② 那须与一：平安末期源氏的武将，源平屋岛之战时因神乎其技的弓术而名留后世。据说当时平氏将扇形箭靶立于船头挑衅源义经的军队，认为没有人可以射得到，结果那须与一却一箭射中。

着自己刚才所在的大将的位置扮演家臣说道："那须与一宗高肯定可以胜任"，接着再站起来回到刚才的位置说大将的台词，"把与一宗高叫过来"，然后再次站起来走到家臣的位置朝着下手方向喊，"那须与一宗高，到你显身手的时候了"，随后再走到与一应该在的位置扮演与一朝着上座说台词……也就是说一个人要扮演三个角色，并在不同的位置之间自由转换。当然，表演者也要通过视线来表示位置关系。同样是以一人之力表演，但是在高座的坐垫这样一个固定点上，演绎三个人或者五个人之间的角色切换，则要靠落语家的演技了。

当原本要靠身体的移动来进行角色区分的方法变为在一个固定位置上表演时，为了不造成混乱，就必须将表现各个角色的视线和身体位置确定下来。

落语家的表演从最初的对观众说"有这么个故事"，以这种平实的腔调来讲述一个小故事，讲完后问大家"怎么样，有意思吧"这种方式，发展到将很长的故事通过极具画面感的方法表演出来，让观众就像在看戏一样，落语这门说话艺术是通过长年的积累和锤炼才发展至今的。

但如果完全真实地去表演的话，故事中的时间和现实的时间就必须保持一致，那就无法表演复杂的长故事了。因此，为了让时间的跨度不要那么不自然，落语表演也进行了相应的调整。时间变得若有似无,可以在一两秒的时间内演绎几分钟的变化,且让观众不觉得突兀。

“去把笔墨纸砚箱拿过来。马上写给你……噢,放在那儿吧”,用的就是这种方法。

只把这一小段内容拿出来表演的话,感觉似乎有点奇怪。但如果观众从故事的开头开始听,完全沉浸在故事世界里的时候,落语就是一个可以超越时间和空间的艺术……这完全是可以做到的。狂言表演中“首先缓慢地走……(其间讲两三句即兴台词)……走着走着就到了”,绕着舞台转了两圈假装是走了好几百米。与此类似,落语可以演绎比这个更为夸张的内容,而且不让观众感到不自然。

为何没有女性落语家

前面介绍了作为说话艺术的落语的一些技巧，但这些不过是极小的一部分而已，如果再说说扇子呀手帕的用法的话那就没完没了了。扇子既可以当笔、当信函，也可以当烟管、筷子、刀剑、步枪、灯笼，还可以当划船的橹、鱼竿、盆子、酒壶，无论什么东西都可以用扇子和手帕来表现，想必看过落语家表演的人就会明白。

这里稍微谈一下女性的表现方法吧。这是个非常难的问题，说到女性也有各种各样的类型，经常出现在落语中也比较容易给观众留下深刻印象的多半是一些妖冶妩媚的女性形象。因为让粗犷的男性落语家去表现女性的媚态，不管怎样都会略显浮夸。但正因如此，反而更容易给观众留下深刻印象。而且，只要掌握表演的要领，这种表演其实比想象的要容易。像艺伎、娼妓等妖艳的角色，即使表演得夸张些也没有太大的关系。真正难表演的是那些正经人家的姑娘和深居简出的小姐，表演这些角色的时候是不能表现得太夸张的。

大体来说，表现女性时主要通过肩部的线条和膝部的动作，再加上手伸向衣襟时手指的动作，拿酒壶、拿笔时手指的动作等，通过这些细节来刻画女性。之所以说舞蹈学习也是落语家的基本功之一，就是因为在这类动作的表演中是否具备舞蹈素养差别还是很大的。另外还要注意头部的动作。以古代为背景的落语中，女性角色自然都是梳发髻的，即使不特地插上发梳和发簪，表演时也不能忘记头上可是盘着发髻的，得表现出这种感觉。此外，女性腰带的位置也和男性不一样。

这些技巧都源自古典落语，对于穿现代装的人物表演就不适用了。这个话题我稍后还会再谈，男性落语家表演女性而不让人觉得奇怪的理由之一，就在于受歌舞伎表演的影响。

自古以来，寄席和歌舞伎就有着密切的关系。特别是在上方落语中这层关系更深。在上方落语中女性表演的技巧经过长久的积累已经发展到相当的高度了。

日本传统艺术的主流，伎乐、雅乐（戴着面具配合音乐一起表演的古代舞蹈剧）、能狂言都是由男性继承，女性始终只是辅助性的存在。特别是江户时代是以男性为中心的时代，当时代表性的艺术是歌舞伎，其中的女性角色也都是由男性扮演。由于落语学习了这些表演技巧，因而落语中的女性的表现方式也都来源于歌舞伎。并且对于看惯了歌舞伎的观众而言，看落语中的男性演女角自然也不会觉得奇怪。

本书开头部分列出的那些问题中有一条就是“为什么没有女性落语家”，现在似乎可以给出答案了。

落语这门艺术二百来年以来一直都是由男性表演的，所有的表演技巧也都是针对男性的，是以如何让男性表演好为前提而研究的。尽管男性扮演女性不会有什么异样的感觉，但如果女性落语家扮演男性的话，估计观众就很难融入故事中了吧。

这种异样的感觉在落语中是非常致命的。由于落语没有舞台布景、没有服装、没有化妆也没有小道具，仅仅靠落语家的嘴巴说而让观众自然而然地进入到故事世界中。所以哪怕是一点点心理上的异样感觉或者是抵触情绪都会带来麻烦。

但我并没有否定女性落语家的意思。如果女性来讲落语的话也一定会有好的表演方式。关键是要出现非常厉害的人才行。靠着那个人的力量让观众开怀大笑、伤心痛哭，让观众感动。而且当拥有这种体验的观众越来越多时，大家就不会觉得女性落语家的存在很奇怪，听落语时的异样感觉也会消失的吧。我非常欢迎那一天的到来。但是我也拒绝了好几位女性的拜师者。主要是因为为了磨炼自己的技艺我已经耗尽了全部的精力，实在是没有信心去培养女性落语家。这和重新创建一门艺术的难度无异。

另外一个问题“落语和漫谈有什么区别”，我想在这一章的最开始已经给出了答案。再重复一遍的话，二者的区别一是漫谈没有采用此前讲到的表演者消失的讲法，再者就是落语讲述的是一个完整的故事，而漫谈是针对一个话题讲的逗趣话。

不过，如果有漫谈家采用漫谈风格的讲法但是讲述了一个完整的故事并且以一个结尾梗收尾的话，也并非不能说他讲了一个落语。不能说穿着西装站着讲的就不是落语。也不能只看讲的技巧，下面我们再来看看落语内容本身吧。

第二章　作为文字作品的落语

名作抑或劣作取决于表演者

“作为作品的落语”这样的说法虽然略显怪异，但我认为，在高座上表演出来的以说话艺术形式存在的落语，和在《落语全集》等书籍中以文字形式存在的落语是两种完全不同的东西。

但迄今为止在论及落语时，这两种形式却被等同视之。确实，两者都是落语无疑，不过其真正的价值及妙趣却是从单纯的文字上读不出来的。这里我想引用自己在昭和四十四年发表于《帝塚山演剧学》上的文章中的一段来说明这一问题。

在我的师傅第四代桂米团治还叫米之助的时候，他写过关于上上代二世三游亭圆马的文章（《上方噺》第四十一号，昭和十四年刊）。由于篇幅稍长，在这里就概括地介绍一下。

◇

圆朝[①]门下最优秀的弟子是三游亭圆马，他是使大阪人能够品味到东京落语精髓的大功臣。（中略）

笔者曾经最讨厌的落语之一就是《厌恶死字》。在我看来，那种造作、让人一看就明白的情节套路，在为数不多的落语中都称得上是劣作中的劣作。但后来我却发现自己的这种想法其实是错误的。或者说，我发现了真正的原因是由于很多落语家的表演方式不佳，才导致这个段子给人以拙劣的印象。

① 圆朝：三游亭圆朝，江户时代的落语家。

记忆中，还是我十四、五岁的时候，在法善寺的金泽[①]听圆马讲过这个段子，当时就打心底地佩服。如果说我年纪轻轻十五岁就领悟了落语的妙趣并立志成为语言艺术表演家而不是成为陆军大将的话，这说法连我自己都觉得浮夸得过头了。但不管怎样，圆马的演绎令我领悟了一点，即：那个叫清藏的男仆，绝不像其他表演者所表现的那样是故意违背主人的意愿，说一些让主人火冒三丈的话的，他压根一点这样的心思都没有。这男仆更不会像很多表演者所表现的那样是一个智慧过人的人。他不过是温顺地屈从主人的无理说辞，并老实地照办罢了。正是在这种刻画下，主人自己搬石头砸了自己的脚，其表现出的恼羞成怒等内容才显得分外滑稽可笑。

如果有人问："就只有这一点点的区别吗"，我就会拍桌子说，没错，就只有这一点点的区别。可这点的区别正是名人和凡人的差异所在。

如果对这个落语的表现仅仅只是停留在男仆与主人之间坏主意、歪脑筋的对决上的话，就会沦落为一个无聊可笑、虚假浮夸的段子，而失去落语最值得推崇的余味和

① 金泽：落语寄席的名字。

余韵。正所谓“聪明反被聪明误”……机关算尽的人最终反敌不过不耍心机的对手，这样的设定才饶有趣味。我实在是没有把握自己拙劣的文字能在多大程度上描绘出其妙处，只是想通过《厌恶死字》来追思大圆马的艺术风范。

正如大家所知，在这个段子中，主人把男仆清藏叫过来，刁难他说：今天是我们家的好日子，像“死”“失败”等这些带“死”字音[①]的词，自古以来就被认为不吉利，所以今天一整天绝对不准说带“死”字音的词。当然了，像“怎么了”“这样做”[②]这样的句子也不准讲。万一不小心讲出口了，就扣你一年的工钱，但活还得照常干。

“您这样说真是吓到我了。如果……[③]啊，不行，这词不能说。不过现在还没定下来，应该不算口误吧。但是……[④]妈呀，好险！这样一来简直就不能开口说话嘛。可是假如您自己违反了要怎么处罚呢？”

主人骑虎难下，不得已也只得向清藏保证说倘若自己违反的话，就付给清藏相当于他一年工钱的赏金。当然这

---

① 日语中“死”的发音为“SHI”，“失败”等词等中均带有“SHI”这个音。

② 这些句子也带有“SHI(死)”这个音。日语当中“SHI”这个音的使用频率非常高，想不说“SHI”进行对话几乎是不可能的。

③ “如果”这个词也带有“死”字音。

④ “但是”这个词也带有“死”字音。

并不是清藏的目的，他只是希望主人自己不小心出现口误的时候意识到自己所定的规则是何等的不合理，进而取消这个烂规定。也就是说，他根本没有想让主人难堪并从他那里获得赏金的想法，他只是在自我保护，甚至还很好心地希望主人也不要出现口误。

主人："那我们就击掌为定了，行吧！"

（击掌声）

主人："好，决定了。不准说啊！"

清藏："嗯，俺不说，你小子也别说。"

主人："什么叫'你小子'，蠢猪，给我滚！"

可怜兮兮的清藏，因为说了句不合礼数的话被狠狠斥责了一顿。其实清藏根本就没有蔑视主人的意思。因为他平日来都称自己为"我"[①]，可因为这个词中的"SHI"音被禁用了，词汇贫乏的他只能用"俺"[②]来称呼自己。由于把自己称作"俺"，因为发音上的相近，对主人的称呼自然就变成"你小子"[③]了。这一点在清藏说话的语调上表现得非常清楚。

---

① 第一人称代词"わし(WA SHI)"，包含"死"字音。

② 第一人称代词"おれ(O RE)"是较粗鲁的说法，常用于对男性同辈或晚辈的交谈中。

③ 第二人称代词"われ(WA RE)"一般用来称呼晚辈。

另外，“别说啊”这三个字，主人说这话的时候表达的是类似于我们平常使用的意思，多半包含着“说出来你就后悔地哭去吧”的讽刺意味。相比之下，清蔵说这话的时候真的只是表达了字面的意思“别说啊”，是发自内心的善意提醒。这一点可以说和其他表演者表现出了很大的不同。

后来清蔵被主人叫过去，可他却在不停地挠屁股。

主人：“你这家伙……搞什么呢！”①

清蔵：“……有点痒。”

主人：“哪里痒？”

清蔵：“是……不能说的地方……”

主人：“你不说我怎么知道，到底是哪里！”

清蔵：“是……屁股蛋儿。”②

主人：“什么鬼东西？”

清蔵：“果然还是说不清啊……就是这里。”

主人：“哼！你给我滚！”

---

① 主人想说“做”这个动词“します(SHI MA SU)”，因为这个词包含“死”字音，所以结结巴巴地换了一个动词。

② 清蔵说的是“けつ(KE TSU)”，这是臀部的一种说法，比较粗俗。但同样的发音还可以表示其他词义。

主人费尽心机逼使清藏说出“屁股”[①]二字，而清藏虽本无冒犯之意也只得在主人的面前做出“啪啪啪”拍屁股的无礼举动。

尽管如此，老实人清藏还是没有觉察到主人是在使尽一切伎俩让自己说出带“死”字的词。但当主人命令自己去数全是“四”[②]的钱币时，这个如神般隐忍的人总算看穿了主人的坏心眼。

他不高兴地瞪着主人的脸。

清藏：“混蛋！你是故意的吧！”

① 臀部的一般说法“しり（SHI RI）”，包含“死”字音。

② 日语中数字“四”的发音与“死”相同。

主人："你这家伙居然叫我'混蛋'？快说，总共多少钱？"

清蔵："总共是三贯一贯、三百一百、三十一十又三文一文。"[①]

主人："什么乱七八糟的数法，你给我数清楚点！"

清蔵："数清一点就是YO贯YO百YO十YO文。"[②]

主人："唉，真是个死犟驴！"[③]

清蔵："哈哈！你说了带'死'的词了，那这些钱就归我啦！"

故事就此诙谐收场。当然，这样的内容本来只是傍晚时分在轻松的小场合表演罢了，但圆马还是颇费心思地来演绎它。（中略）如今斯人已逝，他的艺术风格也无人承袭，我又像回到从前那样，对《厌恶死字》这个段子喜爱不起来……（昭和十四年九月二十五日稿）

《厌恶死字》在上方落语里叫做《死字学徒》，其中的男仆变成了小学徒，因为是个年轻气盛的孩子，显然不是圆

---

① 本应是四贯四百四十四文，清蔵故意把"四"全都拆成"三"和"一"来说了。

② "四"除了"SHI"以外还有"YO"这个发音，但在数"四贯四百四十四文"时全用"YO"来数是不符合正常语言习惯的。

③ 日语原文是"しぶといやつだ"，含有"死"字音。

马一派演绎的那种版本了。

我认为这个故事最早是前面所说的拙劣表演所演绎的那种以主人公之间坏主意、歪脑筋的对决为主线的，是一个不甚高明的落语段子。然而，它被二世圆马注入了美妙的新鲜气息，竟成了让我师傅都瞠目结舌的佳作。

另举一例。

有一则叫做《大丸屋骚动》的落语段子。说有一位年轻少爷和一名艺妓情意相投，但被少爷的父母知道后少爷便遭禁足，被关进了另一座宅子。管家苦口婆心劝说少爷让他暂且忍耐一下，并说那姑娘是个好姑娘，承诺一定做出妥善的安排。另一面也叮嘱那姑娘当着老爷的面决不能跟少爷见面。

某日，趁管家不注意，少爷戴上装饰在店里的村正刀[①]就朝艺妓家去了。而艺妓为了遵守和管家的约定，对少爷说："一杯茶一口水我也不能给你喝"，并要赶他回去。少爷很生气，于是伸手拿刀。艺妓见状道："反正我这个人都是你的，想砍你就砍吧！"少爷装出要砍的样子想要威胁艺妓时，妖刀村正"咔"的一声自己就砍下去了。之后少爷就

① 村正刀：村正是室町时期刀匠，因德川家曾发生过使用村正刀的不幸事故，便有了村正妖刀的传说。

跟发狂了一样四处乱砍，砍杀了家人之后又冲入祇园街正在跳盂兰盆舞的人群中，所到之处胡乱砍杀。官兵赶到后，妖刀依然砍杀不止，以致官兵根本无法靠近。最后，在伏见[①]的少爷的哥哥赶到后才终于控制住局面。然而不可思议的是，只有大哥一人不管被砍多少刀都安然无事。官兵诧异地询问为何，大哥答道："我是怎么砍都砍不死的伏见大哥"[②]，这就是结尾的洒落[③]了。

这个段子和《厌恶死字》不同，是一个极复杂的大段子[④]，人物的刻画、京都风景的描写等，不是谁都能演绎得出的。之前住在京都先斗町的前代桂枝太郎最擅长表演此落语，可如今再没人能演好了。

虽说难，但也比不上《线香燃尽》《百年目》《菊江佛坛》之类，尤其是结尾的洒落，实在谈不上高明。要说为何现在无人能演，那是因为枝太郎先师在一个人物转换到另一个人物的表演中，展现了其无人能及的演技吧。那种演出技巧是无法用文字表达的（我曾两次看过已故小文治先师的表演）。首先跳舞的人群这一特殊的群众描写就很难表

---

① 伏见：京都南部的一个区，男主人公的家在那里。
② 日语中"伏见"的发音和"不死身"一样。
③ 洒落："サゲ"，落语逗笑收场的结尾哏。
④ 大段子："大ネタ"，落语中表演难度高的段子的俗称。

现，除此之外，半闭着双眼的少爷提着血淋淋的刀摇摇晃晃行走的场景，本人并无砍人的意识而刀却自己乱砍，眼见一个又一个人在自己面前倒下时那一瞬少爷的表情等，这些都是相当有难度的。而下一刻，表演者又要转换为跳舞艺妓的角色。前一秒还和朋友们说着话，下一秒就被砍而殒命的艺妓，神情慌张四处张望的舞者们突然看到血刀之后失声尖叫，挥刀的瞬间面无表情的少爷……从伴奏间到台上，伴奏声一直持续，中间还夹杂着舞蹈的动作……人群开始注意到这个男人，恐惧感开始蔓延……因恐惧而带来的脊背凉飕飕的夏夜季节感油然而生……这样一说，大家就都能理解其表演的难度了吧。

正是因为有了这样的演出，才成就了《大丸屋骚动》，也正是因为有了这样的演出，这个故事才能被称为“大段子”。如果是用随意敷衍的方法表演的话，就算是我也能行吧。可这样一来，这个段子就成不了落语里的名作了。

单从文字来看《大丸屋骚动》并不是什么特别的落语段子。但看过先斗町桂枝太郎表演的老人家们却是何等地感动啊。这就是我在文章开头所说的，现场演绎的落语和文字表现的落语实在是两种不同的东西。

实在抱歉，引用过长了。并且在引文里又加入了引文，可能看起来会很麻烦。不过这里介绍的我师傅的这篇文章，可以说是对名匠第二代圆马的艺术风格进行具体阐释的稀有的珍贵文献。

总之，就算是被称为名作的落语，若是由蹩脚的表演者来演也有可能变得无聊之极。而被称为劣作的落语作品，倘若让优秀的表演者来演绎的话，也有可能变成令人赞叹的佳作。这就是我想说的，在舞台上表演出来的落语和以文字形式存在的落语是两种完全不同的东西。

落语终究能否称为文学

通过文字阅读的戏剧和在舞台上表演的戏剧之间也存在着同样的问题。阅读义太夫本[①]和听配上伴奏的净琉璃[②]说唱，以及在剧场看的文乐[③]人偶表演之间，同样存在着很大的不同。

不过，戏曲剧本可以作为优秀的文学作品，近松门左卫门、竹田出云等的净琉璃也都被认可为文学。这些一旦被搬上舞台之后就成为戏剧，它们是作为和文学作品完全不同的东西来对待的。落语被搬上舞台后只能作为一种表演的艺术，其以文字形式出现时也能够称为文学吗？

谣曲[④]和净琉璃就算是表演者不同，其词章的一字一句基本上也不会有变化。但落语不同，落语会因表演者的变化而产生巨大的差异。不，应该说就算是同一个表演者也不可能做到

① 义太夫本：收录净琉璃唱词的书籍总称。
② 净琉璃：日本传统的配乐说唱故事。
③ 文乐：木偶净琉璃的通称。
④ 谣曲：能的词章。

每次演出的时候都字句不差。甚至于他们会根据当时当地的具体情况加入一些素材进行扩充，又或者是删减一些内容进行压缩，且不会让观众感到不自然。如果做不到这点就不能算是合格的真打[①]。

说是落语的脚本，具体指何物其实非常不明确。这样的东西能够称为文学吗？

不少人说："优秀的落语作品是具有独特风格的伟大文学作品"。那是因为这些作品描绘了人间各种悲欢离合，完美地刻画了四季变迁，并且经过许多年月其中还凝聚了无数表演艺术家自身的人生经验。

况且所谓"优秀的落语作品……"这样加了限定的说法，其实也就意味着还有无数拙劣的作品存在。不过，正如前文所述，被称为劣作的落语脚本经由名家演绎也是可以成为出色的落语的。

把现在常被演绎的数百个落语段子全部还原成文字并称其为文学，起码我是完全没有这种想法的。或者说我考虑的是落语到底能否称为文学，如果算是文学的话又应该归为哪个范畴这个问题。又或者说，我觉得还是不要把落语归为文学的范

① 真打：落语家的最高级别。

畴好，毕竟两者之间有所不同。谈到这里就变成文学到底是什么这种大问题了，还是浅谈一下点到即止吧。口口相传的东西，比如民间故事、传说、神社寺庙的缘起等是在讨论艺术啊文学等等问题之前就已存在了的。恐怕只要是人类生活的地方就有这些东西的存在。当其以文字的形式被记录下来后就成为了一个文学体裁。

落语也是，江户初期的《醒睡笑》等被称作笑话集的那些作品早已被划分为文学的类别。

正如前面所说的那样，这些与落语还是有不同之处的。所谓不同之处，也就是落语是有“洒落”的。“洒落”也被称为“落下”，即落语故事以此滑稽搞笑的内容而结束的意思。

并且，洒落是使落语能够称之为落语的部分，没有洒落的作品就不能称为落语。而前面所写的“描绘了人间各种悲欢离合，完美地刻画了四季变迁，并且经过许多年月，其中还凝聚了无数表演艺术家自身的人生经验”等特征，这些都是之后被添加进作品的。

那么，洒落到底是什么呢？

洒落的作用是使故事来个大逆转

形容某事无趣时，人们常用解释俏皮话这件事的无趣程度来打比方。实际上，当有人说出一个很有趣的俏皮话令所有人都开怀大笑时，如果此时唯有一人摸不着头脑地提出“为什么大家都笑啊，有什么奇怪的吗?”之类的问题的话，谁都会觉得难以解释吧。

对于听懂了的人来说根本不需要解释的东西，要向听不懂的人解释清楚是一件很难的事。而且，一番辛苦解释后即便对方明白了笑点所在，滑稽和趣味性大概早就荡然无存了。

解释落语洒落的困难程度及枯燥程度丝毫不亚于此。也就是说，懂的人根本就不需要解释，特别是对那些喜欢落语而且经常去听的人来说，解释落语的洒落是一件极其愚蠢的事吧。不过还是请听我简单讲一讲。

“洒落”也被称为“落下”，也就是“到此结束，接下来没有了”的意思。从前在那些第一次听落语的人面前表演时他们常常在表演者已经讲完最后的结尾哏时还面露“然后呢?”的表情等着表演者继续讲下去,这种尴尬的场面时有发生。最近这样的事情倒是少了。

下面讲一讲《爱宕山》这个落语。说是有个老爷向山谷撒金币,帮闲(酒宴上逗乐客人活跃气氛助兴的人)为了捡回金币撑伞跳了下去。捡到了之后却发现自己上不去了,于是帮闲使出浑身解数,先是把衣服撕开搓成绳并绑在石头上,然后朝着长在山谷斜面上的竹子顶部用力扔过去,当绳子牢牢地缠在竹子上之后他用力地拽着竹子,依靠竹子的韧性蹬一下地面弹一下,蹬一下地面弹一下,终于爬上了山谷。

“嗨，我回来了！”

“真了不起，爬上来了呢！钱在哪？”

“啊！忘了拿上了……”

结尾逗笑的部分就是这样了。大多数客人听到这里都会哈哈大笑，这个段子也至此结束。但如果有人问“然后怎样了呢”的话，落语家就会相当为难了。然后……然后什么也没有了啊。

洒落这东西，理解不了的人也没办法，而且搞笑与否是另一回事，起码它是落语完结的一个标志。道理上讲不讲的通另当别论……

洒落是一种起“破坏性作用”的东西。先是想方设法用各种技巧把故事讲得逼真到让人深信无疑，最后却利用洒落使故事结局发生大反转，告诉大家说“之前全是假的，是搞笑而已”，这种形式就谓之落语。

落语正是通过洒落，把沉浸在故事世界中笑得前仰后合的客人瞬间拉回现实。“骗人”的一方大喊痛快，“被骗”的一方大笑“哈哈，被耍了……”最后在酣畅的笑声中戛然而止，这就是所谓“知性的娱乐”。

“落语”，即“落下的故事”，因为故事结尾处以诙谐搞笑的哏“落下”因而叫做“落语”。“落下”也就是通过各种解释让听者理解并认同，从而由故事的世界回到现实。

本书最初的问题至此又解决了一个。

关于这个“落下”，还可以通过一个简单易懂的例子来具体看一看。

某个俏皮话能手被大名召见。

“听说你是说俏皮话的能手，庭园前的泉水中有蟹群在嬉戏，你根据这个说个俏皮话吧”。

“虽然这是您的命令，但‘突然之间’我实在编不出啊。”

于是大名怒斥道：“大胆，我都已经下了命令了，你却说编不出来！”家臣见状赶忙劝解道：“他刚刚说的‘突然之间编不出来’中，‘突然之间’这个词就是由‘庭园’和‘蟹’两词的发音组成的，这个是文字的俏皮话呀”。大名恍然大悟道：“原来如此，是我的错，还请接受我的道歉”。“您言重了，小人诚惶诚恐。”“哈哈，这个俏皮话简直堪称完美啊”。

这是一个很老的小故事，其中的大名就是个不懂俏皮话的人。在接下来的故事中，这个大名把根本不是俏皮话的话也当成是俏皮话，明明不懂却装作懂了一样不合时宜地大加赞赏。这多少是个讽刺大名的小故事，之所以会这样是因为大名的心里将不懂风雅当做一件很没面子的事情。听懂俏皮话，品味高雅的幽默是风雅之士的爱好，也是衡量其文化内涵的重要尺度，这一点无论是东方还是西方都是一样的。产生于室町时期的狂言中，也有段子说大名为听不懂秀句[①]而苦恼，被人嘲弄。

再回到刚才的话，由“庭园”前的“螃蟹”两词构成“突然之间”这个词，使一个词语同时包含两种意思，这或许是最简单最易懂的俏皮话了。

所谓的“一句话笑话”大抵如此。

“那边用木板围了个围墙啊！”

“诶（围墙）？”[②]

“烟灰缸打翻了哦！”

“知道了（烟灰），吹掉吧。”[③]

“茶瓶好像漏水了。”

“没注意到那里（底）。”[④]

在长落语中也有很多这样的例子。

---

① 秀句：词语形式的俏皮话。

② 日语中表示疑问的语气词“诶”和表示“围墙”的单词“塀”的发音相同。

③ 日语中“知道了”和“烟灰”的发音相同。

④ 日语中“那里”和“底”发音相同。

“我是靠一根木头(唱题)才得救的啊”(《鳅泽》)[①]

“靠扮鬼(技艺)挣钱的人”(《不动坊》)[②]

---

① 《鳅泽》:落语段子。某个到日莲宗总本山身延山参拜归来的旅人因大雪之故在山中迷了路,彼时他忽然发现山中有一户人家,旅人便前往借宿。借宿的那户人家的主人是一曾在吉原做过妓女的妙龄美女,名为阿熊。阿熊劝旅人喝她偷偷下过毒的酒,打算毒死旅人并抢走他的钱财。中毒的旅人拼命逃走,偶然中把身延山的驱毒符和雪一起吃了下去,谁知竟解了身上的毒。这时,阿熊一路追杀过来,大雪中旅人被追到鳅泽的断崖处眼看就要丧命时发生了雪崩,旅人滑向了谷底。不过运气很好的他摔在了河流上的木筏上,旅人一边紧紧抱住木头一边念着日莲宗《妙法莲华经》的题号最终捡回一条命。日莲宗主张“妙法莲华经”非仅一题号,而是法华经所说的宇宙究极真理之意。借由妙法莲华经之唱题,即易归入真理获得佛果。旅人得救后说的那句“都是靠一根木头才得救啊。”中的“木头”一词发音与“唱题”相近,所以这句话是一语双关,既指他自己因为抱住了一根木头才得救,也指他因唱题而得佛祖保佑捡回性命。

② 《不动坊》:落语段子。租住在长屋的一个名叫利吉的单身汉勤快肯干,房东见状说“在我这里住的四个租客中数你最踏实了”,说着便要给他介绍亲事。对象是叫阿滝的女子,她的丈夫名叫不动坊火焰,原是讲谈师,后来得了急性肠炎死了,因医药费和丧葬费欠下三十五元的债。阿滝说谁要是替她还上这笔债就嫁给谁。一直仰慕阿滝的利吉马上就答应了,并打算在当晚成亲。为了能清爽帅气地结婚,利吉兴冲冲地跑去澡堂泡澡。他一边泡一边幻想起婚后的美事,不过想着想着不小心就说起同住长屋的阿新、阿裕还有阿德的坏话来了。不巧的是刚好被阿德听到了。气愤又嫉妒的阿德、阿裕和阿新就打算联合邻村的讲谈师道斋,让道斋假扮不动坊的鬼魂去吓利吉和阿滝把婚事搅黄。在婚礼当天的深夜,道斋四人准备就绪爬到了利吉家的屋顶上。谁料看到身绑白布条扮鬼吊在窗前的道斋时,利吉却很镇定地说“不动坊,你不要恨我们,你生前的债你知道是谁还得吗?”“呃……这个我倒没听说。”“你专门从阴间来的吧,我给你十块钱,你就当是我供给你的香火钱吧,拿着赶快投胎去吧”“只有十块?”经过一番讨价还价,最后说定了给二十块。可刚好这时阿德把道斋身上的白布条拉断了,道斋重重地摔在地上。逮到了道斋的利吉问:“你是谁?”“我是讲谈师道斋。”“讲谈师难道是扮鬼的吗?”“呃……讲谈师就是靠扮鬼(技艺)赚钱的人。”(日语中“鬼”和“技艺”谐音)。

"去甲府还愿(豆腐,加了芝麻的炸豆腐)"(《法华豆腐》)[①]

"还没出生(赶到)"(《辻八卦》)[②]

这种词语的俏皮话最早被称为"地口",在上方则称为"口合"[③],这都是因为笑点的产生是源于谐音的缘故吧。因此,也可以叫做"双关落下"。在上方地区还可以叫做"俄狂言落下"。因为从前流行的俄狂言等即兴滑稽小品之类基本都是用的双关落下。

不仅仅是洒落,落语中还有很多类似的逗笑元素。

通过谐音营造辞趣是日本文学艺术的一种重要特征。狂歌和川柳自不必说,和歌、俳谐也是如此,甚至在《万叶集》中就

---

① 《法华豆腐》:落语段子,别名《甲府》。生在甲府(日本旧地名,现山梨县境内)的善吉自小父母双亡,由伯父伯母抚养长大。二十岁时善吉希望到江户闯荡干出一番事业以报答养父母的恩情。上京途中他还到身延山许了个愿。但到了江户行至浅草寺时钱袋被人偷了,饥肠辘辘的他迫不得已偷了一家豆腐店的豆渣。信奉法华宗的店主同情他的遭遇,认为善吉的到来是法华祖师的意思,于是把善吉留在店里当伙计。勤勤恳恳的善吉干事认真,喊起"豆腐,加了芝麻的炸豆腐"的叫卖声又特别好听,因此深受顾客的喜爱。店主夫妇也对他非常满意,最后不仅把女儿嫁给他,连豆腐店也交给他经营了。转眼到了善吉养父母十三周年忌的时候,善吉打算带上妻子回家祭拜,顺道还想去身延山还愿。路遇熟人问他去哪里时,善吉便回答"去甲府还愿(和平日叫卖的'豆腐,加了芝麻的炸豆腐'谐音)"。

② 《辻八卦》:落语段子。占卜师在十字路口给人算命,来往行人很多,其中一个爱好看戏的人问:"大石内藏助投胎变成什么了?"占卜师答道:"他还没出生"。大石内藏助是戏剧《忠臣藏》的主角,剧中他的主君浅野长矩在剖腹自杀前一直等着他的到来,不停询问:"大石内藏助来了吗?"旁边的人回答说:"他还没来"。占卜师说的"他还没出生"和剧中台词"他还没来"谐音双关。

③ 日语中的"地口"和"口合"就是俏皮话、双关语的意思。

已经出现了。在物语文学的鼻祖《竹取物语》中，因寻找燕子的子安贝终不得，此后才开始用跟“无贝壳”发音相同的词指“白费力气，求而不得”[①]之意；在骏河日本最高的山上烧了不死的灵药，取“不死”的谐音“富士”，所以那山就叫做“富士山”，这些全都是谐音双关语。

落语相关的书看得多的人一定知道，除了这种双关落下之外还有很多其他种类的结尾形式。细分的话有：双关落下、装

---

① 日语“贝”的读音与“甲斐”（效果，价值之意）同音。《竹取物语》中，辉夜姬对前来求婚的五位贵族子弟提出寻求宝物的要求，其中要求中纳言找燕子的子安贝（一种为生产祈福的贝类，其实燕子是没有子安贝的，辉夜姬想以此为理由来拒绝对方）。中纳言为找子安贝费尽了心思，可最终除了抓到一块陈旧的燕子粪外，什么都没得到。

傻落下、台词落下、深思落下、瞬时落下、拍子落下、循环落下、意外落下、动作落下、反差落下、离题落下、伏笔落下、曲解落下、阶梯落下等等。实际上这么多种类连我自己也不是很明白彼此之间的差异,不过这无关紧要。用这样的语言对数百种的落语洒落进行分类本身就是一件不合理的事。而且这种“××落下”的说法既没有科学的依据,这些词原本也不是为了对落语的洒落进行分类而造出来的。

“尸体会腐烂”——各种类型的“落下”

在各式各样的结尾落下当中，最容易理解的就是刚刚说到的双关落下。这种形式相对显而易见。

“离题落下”也比较容易懂。比如在《佃祭》这个落语中，在一个故事讲完之后忽然有跟之前的内容毫不相关的男人出场，并以此结尾。上方落语《焊锅匠》中，先是一帮捣蛋的孩子捉弄焊锅匠让焊锅匠苦恼不已，后来他们又到鳗鱼店捣乱，之后捣蛋的孩子不再出现，而由一个上山参拜的人出场，故事以此结尾。这些都是偏离落语主题的洒落。“作为落语来说这样不太好吧，这是离题的落下啊。”在休息室里大家如此说。因而我认为所谓“离题落下”其实是自然而然产生的一个词。

不仅限于这个词，其他的那些形式也都是落语表演者们在谈话时自然概括出来的吧。但是说到离题落下，上方落语中的《精于算计的平兵卫》，这个段子虽然是一种离题落下，但它结尾的那句“盲人不惧平兵卫”与俗语“盲人不惧蛇”[①]形成谐音，因此也算是双关落下。

另外，拍子落下、阶梯落下等也都是取决于表演者的节奏把握。其他种类的落下，则是由故事本身的构成或是演出的形态决定的。也就是说，由于标准不同，一个落语可能从故事的构成上来看是某种类型的落下，但从表演者的腔调上来看可能又是另一种类型的落下。

特别是“循环落下”，实例其实是很少的，我也不知道为何会取这样的名字。“动作落下”也是如此，百分百的动作落下，即不通过表演者的动作来表现就无法结尾的那种落语，据我所知仅有两三个小故事是这样的。经常被当做例子的有《蛇含草》和《疝气虫》等，这些作品可以通过动作表演来收尾，不过，光靠嘴巴讲其实也可以收尾。

因此，我认为用“××落下”对落语进行分类是很牵强且无实际意义的。但是这种“××落下”的叫法本身并不是没有意义的，而是非常值得琢磨、很能传达出落语特征的。

我自己也常常使用这些词语。

在各种类型中，“装傻落下”和“深思落下”可谓是最有味道

---

① “平兵卫”和“蛇”的发音相近。“盲人不惧蛇”比喻因无知而无畏。

的。“装傻落下”指的是脱离逻辑、天马行空、偏离常识的那类搞笑。比如说：有个人祈求神明赐给自己金钱，可能是因为贪念太强因而受到了神灵的惩罚，居然在额头上长出了金银的角。当他问人怎样才能让头上的金银角掉下来时，对方回答他说：“往鼻子上飞个桂马吧”。①

再举一例。

“昨晚我做了一个好梦，梦见了一个巨大无比的茄子。”

“有西瓜那么大吗？”

“比西瓜要大得多。”

“有牛那么大吗？”

“牛的大小远及不上那个茄子。”

“有这房子大吗？”

“比这还要大。”

“难道比城池还要到大？”

---

① 古典落语段子《戎小判》，又名《鼻上桂马》或《桂马》。源自上方落语。故事内容出自1709（宝永6）年《轻口利益咄》。概要如下：源先生到朋友家做客，不知何故始终不肯摘下头上的帽子。一问原因，原来是他祈求惠比寿神（七福神之一的财神）赐予自己好运，结果惠比寿神真的现身了并赐予他两枚金币。谁知源先生却抱怨金币在当时无法通用。此话惹恼了神明，于是把两枚金币粘到了源先生额头上，想拿都拿不下来了。朋友看了看源先生头上的金币说：“这可是真正的庆长小金币啊，纯金的哦！”源：“有什么法子取下来吗？”朋友：“两枚怕是难，一枚的话肯定可以。”源：“一枚也成啊，如何取？”朋友：“在你鼻子上飞个桂马……”。“桂马”是日本象棋的棋子之一，与国际象棋中的马对应。桂马的斜向步法可以吃掉斜前方的任意一个棋子。

“城池还差得远呢。”

“喂喂！到底有多大啊？”

“嗯，实在要打个比方的话，那就像给茫茫黑暗装上一个茄子柄一样……”

这种奇思怪想所蕴含的韵味是无与伦比的。“深思落下”中也有很多幽默诙谐、妙趣横生的例子，这里介绍一个外国题材的小故事。

夏日炎炎，在横跨大陆的长途火车上，一名衣着华丽的贵妇不停地说想喝冰水。于是，她的丈夫便拜托列车员拿过来，哪知列车员一口回绝说：“没有！”“就算是花钱也没关系”，绅士再次请求道。没过一会儿，列车员拿来了一个杯子，里面装着一大块冰块，说："一美元"。贵妇很快喝完并说还想喝。绅士只好再次求列车员卖给他，列车员心不甘情不愿地拿来了比上次还小的一块冰，并且要了两美元。贵妇恳求说再给一些吧，列车员磨磨蹭蹭地拿来了更小的一块冰要了三美元，并说道："接下来你就是出再多钱也不行，因为再拿的话尸体就要腐烂了"。

这个结尾会让人在一瞬间"诶？"一声，等反应过来感叹"原来如此"的时候，脑子里不禁会想象起拿冰块过来的列车员的心理以及听完这句话之后贵妇的表情等等，然后一种忍俊不禁的滑稽感就会油然而生。这就是深思落下的妙处。当然，深思落下在长故事里也有出现。

以"儿子，千万不能赌博啊"收尾的《亲子茶屋》、还有《线香燃尽》等都属于"深思落下"的一类吧。在《望远镜鱼》[①]中，大家都认为结尾落下是"加热物"与"鱼干子"的谐音双关（这样理解起来比较容易），但其实这故事是以"不要把晒干的鱿鱼叫做鱿鱼干"为结尾的深思落下。

我认为没有必要对落语的结尾落下强行进行分类，如果非

---

① 《望远镜鱼》：落语段子名，日文为"テレスコ"。这个词语本不存在，是故事中出现的虚构的鱼类的名称。一说这词源于荷兰语的"望远镜"一词。

要进行分类的话也应该从心理学出发，也就是根据观众的心理反应来分才行。说是“心理学”，其实也不是什么复杂的东西。以观众听完后的反应——“原来如此！”“啊，是这样啊！”“这都是什么啊?”等等来区分就可以了吧。

当然，也有无法划归进这三类的例外。不管怎么讲总归是要让观众能够理解，并可以让故事圆满收尾。我的弟子桂枝雀总爱说这样一句话:“洒落是紧张气氛的缓和剂”。

这句话说得很好，洒落开始之前的紧张气氛(紧张的种类也有很多)因洒落而得到缓和，观众心服口服之时故事也可以理所当然地收尾。这就是桂枝雀这句话的意思。当观众被落语故事的情节所吸引紧张地关心故事的进展时，突然来了一个大逆转，观众心想“这都是什么和什么啊”的时候紧张感就得到了缓和，笑声也就迸发出来了。另一种情况是，当一个疑问一直萦绕在观众的脑海中时，就会一直紧张地猜测“那个到底是什么呢”，而洒落就是负责让这个疑问明朗化的。洒落一出，观众心领神会“啊，原来是这样啊！”此时伴着紧张过后的放松感自然也会笑出来。

落语的结尾不是要让观众去问“接下来会发生什么”，而是让观众领悟“原来又是个搞笑滑稽的段子啊”。

要想解释清楚落语的洒落还真是件复杂的事。

古典落语和新作落语

落语最早是以结尾洒落为主的小笑话，后来内容不断增加，成为包括洒落在内的以享受整个过程为乐趣的长故事。

安永年间(1772—1781)出版的《善听二编》这本小笑话集中，开篇的《香炉》一般被认为是落语《瑕疵》[①]的原型，《普段猫》则和现在的《普段袴》内容相似。《玩火》被用在了《二人怪癖》和《四人怪癖》的开场白中。《试切》的内容则原封不动来自《新刀》。《庸医匙》就是上方落语中的《萬苣医师》，《山升》就是《胡椒吊唁》，《无宿帐》就是《行倒账》，《代脉》则是现在的《代脉》的原型。《熊革》是现在的《熊皮》，《本粹》是《醋豆腐》，《大下户》则作为引子出现在很多以酒为话题的落语中。《谜》被用在了《小仓船》中，《屁之传》今天仍然经常表演。《茗荷》就是现在的《茗荷宿》，仅仅这一本书中就有很多与现代落语渊源颇深的

① 又名《茶器鉴定》。

故事。

下面引述其中的一两个故事。

○《本粹》

从前有个自认为见多识广的人，别人将馊了的饭菜拿来招待他，还佯装不知地问："饭菜的味道如何?"，只听他答道："你要是把这些饭菜拿给没见过世面的人，他一定会说是馊的"。

东京落语《醋豆腐》和上方落语《长崎特产醋豆腐》都是以此为基础扩充改编的。

○《代脉》

从前有个人半夜赶到一位名医那里，说是家里有人生病要请医生出诊。医生应允马上就去，就打发来人先回去了。当时天寒地冻又下着雨医生当然不乐意，就想找个人代替自己去，于是差遣弟子坐进轿子代为出诊。弟子困得睁不开眼，心里也不想去，但苦于师傅的命令只能睡眼惺忪地坐上轿子去病人家了。到了病人家门口，轿夫落轿后说："麻烦您了"，哪知弟子猛地睁开眼回了一句“报——”。[①]

这弟子睡得半梦半醒，不小心把平时看门的时候常说的话说出了口，坐在轿子中却喊“报——”。现在落语经常表演的《代脉》这个段子即源于这个小故事。

目前被搬上舞台的落语作品，关东关西加在一起能有六七百个，但其中有明确作者的少之又少。不仅原作者不明，何人把它改编成现在的样子，又是经由何人的表演传承至今，何人使之成为能博得观众大笑的段子，这些可被称为“中兴之祖”的人的姓名能考证的为数甚少。

但可以肯定的是，这些落语确确实实是经过漫长的岁月，历经多人之手逐步加入新的元素才慢慢变成丰满的、有血有肉的故事的。换一个角度说，今天的落语是凝聚了很多人的心血才最终成型的，因此将其称为“无作者的作品”反倒更贴切。

有一个很有名的落语叫《时荞麦》，在上方落语中叫做《时乌冬》。讲的是有一个人模仿其他客人在付钱的时候问店主几点钟，用时间的“六点”“九点”混淆视听以便在结账时少给一文

---

① 原文是“ドウレ”，这是从前武家等有来访客时，家中下人应答的话。

钱最终失败了的故事。故事的内容虽然简单，但在表演时却在荞麦面的吃法上下了很多功夫，尤其是开始的部分表现得相当生动，十分具有现场感，以至于观众都被荞麦面馋得口水直流。

后半部分那个想学别人耍滑头的客人，第二天去的那间荞麦面店却意外的难吃，所以在表演时必须将那种难吃的程度淋漓尽致地传达给观众。仅仅为了骗那一文钱，一边吃着难以下咽的面一边还要拼命夸赞，这种反差更加显得滑稽可笑。

这种情节简单的故事，经由落语家的演绎加工就显得生动有趣了。上方的《时乌冬》头一天晚上是两个人一起骗吃的，第二天变成一个人却仍然要模仿两个人的动作，笑点因而变得更多了。

当然，也有《骆驼》这样的大段子，这是大正时期由第三代柳家小样从上方引入东京的。

整个落语的重点就是对旧纸回收匠的醉态的描写，平时唯唯诺诺的旧纸回收匠一喝醉就变得气场强大，而平时耀武扬威的熊五郎（在东京落语中叫半次）一醉酒反而变得胆小怯懦，这种强弱反转的滑稽荒诞自然就被表现出来了。落语本该有个结尾哏的，但在这个落语段子中，重心是在故事发展过程的本身，结尾的洒落仅仅是个形式上的存在。因此，在实际表演中很多时候都无需演到结尾处，只在故事的高潮部分就戛然而止了。这是由于落语家们表演的部分实在太有趣了，很多人原本就是为此而来，想要一睹落语家在这一部分展现的技艺。

虽然早已知道落语故事的情节和结尾，但还是为了感受它的艺术之美，感受其中的趣味性一次又一次地走进落语表演的曲艺场，落语也因此被称为经典艺术。

能狂言、歌舞伎、文乐这些传统艺术，同一个剧目几百年来反复上演，落语现在也是一样。相同的内容由不同的人表演，给人的感觉不同，趣味性也不同。弟子由师父那里继承过来再一点一点改编，随着时代的步伐，落语也在不断前进发展。

本书开头有这样一个问题："到底有没有古典落语这种特殊的东西？"其实并没有古典落语这样一个单独的领域。古时流传下来的内容再加上精准的演绎，这就是所谓古典落语。

我本人不怎么喜欢古典落语这个词。就像我之前说过的，因为落语的好坏与表演者的水平有着极大的关系。就算是优秀的古典落语作品，如果表演者演绎得一塌糊涂的话那也无法称为经典。

所谓古典落语是相对于新作落语来说的。新作落语每年层出不穷，但真真耐得上十年、二十年时间检验的作品还是少之又少。

也有种说法，认为古典落语在最初的时候也是新作落语。这说法确实没错，但无论是内容主题、故事情节还是笑点设定、趣味深度上，这些作品都明显出色很多。在漫长的时间里经由不同人的演绎，任时光流水淘洗拍打却仍可以适应时代的发展而存留下来的这些古典落语自有其独特韵味。

具体说来，即其中的出场人物都是鲜活的形象。他们不是没有个性的人，而是能在你身边找到原型或者能和你自身产生共鸣的那类人。

当然，这并不是说新作落语中就没有这样的人物形象。只是其中的人物形象多是类型化的，而不像古典落语那样，经众多表演者的演绎之后一个人物身上往往包含着许多丰富的特征。新作落语在这方面明显欠缺很多。

当然，我并不是说新作落语很无趣要摒弃。事实上我本人也创作实践过几个新作落语。而且我也希望这些作品能尽量被更多的人演绎。新作落语的创作是落语发展不可或缺的部分。因为有一些主题的落语创作只有在特定的时代环境下才能进行。只有不断有人愿意致力于落语的创作，在其所处的时代里面对新的观众群创造出新的笑点和新的语言艺术，落语才能作为大众艺术继续存在下去。过去的历史也证明了这一点。

虽然古典落语、新作落语的叫法不同，但两者的界线在哪里，对此并没有严格的定义。

五十年前，明治末期创作的落语也被归类为新作落语。也就是说，出场人物如果还是梳着丁髻的话确实显得不自然，但凡是穿现代服装的话，即便是大正时代的作品也能归为新作落语。但到了今天，有三十年历史的落语如果还称之为新作落语的话，就会显得很奇怪。

另外，只要年代久远，不管内容多么糟糕，甚至于完全不能适用于当今社会的那类作品，也给其冠以古典落语这样气派的名字，对于这种做法我也是无法赞同的。

总之，古典落语和新作落语这两个词汇尚处于被人们大致理解、模糊使用的阶段，还没有严格的定义。

落语是一门逗乐艺术，创作者多是一些没什么大学问的人，其中也不乏不负责任的内容，但出乎意料的是其中却也很少有失实的假话。

在落语中出现的著名店铺名、出售的商品名、名产菜式、道路交通的描写，城市名、地名、服装的描写，风俗习惯的描写等，很多时候都让人深深折服，让人感觉这些都是经过仔细调查考证的。可能最早的落语家讲的东西都是他自己亲身经历过的吧，因此才能准确无误地讲给大家听。观众们对于此类内容也是相当喜闻乐见。

上方落语《三人旅》是现在仍经常上演的段子，其中前往伊势参拜的旅人和马夫有如下一段对话：

“今天我们想过宫川恐怕也过不了了，眼看天就要黑了啊。不如我们就住在明星吧。明星那地方有个旅店不错，叫三田屋三郎兵卫，我们就住那里吧，三人一起骑马去。”

其中明星和宫川的地理方位是正确的，明星叫三田屋三郎兵卫的旅店在官方资料中也确有记载，所有内容都准确无误。听三游亭圆生和林家正藏等老落语家的段子，真有点在看江户切绘图[①]的感觉。

因此，也有人把落语当做民俗风情的资料进行研究。

此外，由于落语包含了各种世态人情的描写，自古以来也有人把落语当成人生经验谈或是社会学。

---

① 切绘图：日本江户时代的一种分区地图。

落语是一种社会学

从前，当有乡下来的小伙子作为学徒被招进店里，稍加适应环境之后，据说会有很多主家说“带他去听听落语吧”。落语是一门“听的学问”，也是一种社会实践。明治时代，从地方小城市来到东京的学生们若想要尽快了解东京的风土人情的话，去寄席听落语被认为是一个不错的方法。

人们在不知不觉中从落语中学会了接人待物、礼尚往来的方法，学会了在不同的场合与人交流的技巧等。从前有不少人没有良好的条件接受学校教育和家庭教育，对于这些人来讲，说落语教会了他们社交的基本知识以及敬语的使用方法也毫不夸张。而且，那些不知人间疾苦的有钱人家的孩子也通过落语开始明白穷人家的辛酸。还有不少人通过落语学会了在学校和家里学不到的酒席的礼节，花街柳巷的规矩，打赏赏钱的方法等。

落语可以说是人生的百科全书。虽然时至今日，落语的世界和人们现实生活的环境两者间已产生了很大的距离，但人类最根本的心理层面的东西却并没有发生很大的变化，所以落语中仍然有很多在当今社会能派上用场的知识。然而，要挽回昔日落语作为通俗社会学权威的地位，改变人们对落语的认识，还需要当代落语家们从根本上重新审视落语，领悟并重归落语创始者们的初心。

要做到这一点，创作新落语固然很好，但也必须努力为原有的旧落语注入新的生机和活力。我一直在思考关于那些称不上是新作落语的所谓新落语的问题。新落语不是简单地把“轿子”改成“的士”，把“衙役”改成“警察”就行的。

而是要通过表演改变笑点，重新设计一个能吸引观众的内容。

例如，在落语《三枚起请》或《一枚起请》中出现的起誓书——也可说是誓约书吧，就是男女之间对天地神明起誓真爱不变的东西，人们相信如若违背了这个誓约是一定会遭受天谴的。和现在这个年代相比，在誓约书震慑力如此之大的那个年代，同样内容的落语趣味性显然会大不相同。《三枚起请》讲的是三个好朋友得到了同一个女人的起誓书，三人都认为自己才是女人的真爱而自我陶醉的故事。如果听落语的是经常去花街柳巷的人的话，自然能轻松看破三人的可笑之处，看懂故事暗藏的妙处。这也是早前这个落语故事能够让观众捧腹的原因。但如今有这样经历的观众越来越少,大家已不了解起誓书是什么东西,如果还是用老办法来演出的话势必无法被大家接受。

但是,三个男人同时迷上一个女人,都认为自己才是真正受青睐的那个人而自我陶醉的情况,现在依然常见。男人的这种心态在现如今还是可以引起共鸣的。如果是以这个为重点进行表现的话,那么这个落语在表现了从前的风情习俗的同时也能给现在的人带来乐趣,唯有此,这个落语才能流传下去。

我所说的新落语便是这个意思。

从落语所学到的

我自小受到父亲的影响对落语和讲谈很感兴趣，这些体验让我受益匪浅。

即便我没成为落语家也依然可以这么说。

虽然鲜有机会到寄席观看现场的表演，不过我却通过广播节目、录音带及文字等形式学了很多。那时，我家里有很多落语全集之类的书，还有明治时代的《文艺俱乐部增刊号》（里面有大量的落语、讲谈相关的内容）之类的杂志。

通过这些东西，我记住了很多江户时代的用语和上方地区的古语，学到了很多在学校学不到的知识。并且，它们还向我开启了与自己生活环境完全不同的世界的大门：从繁华的山手线地区到平民街区，那些有钱人家的老爷、管家以及往来的手艺人之间的交往，从艺人演员的世界、武士氛围的家庭到盗贼、旅店、饭馆、寺院、候车室等等，色彩斑斓的世界在这个舞台上一一呈现。那些种类繁多的职业，以及现在已经不复存在的买卖、技术，还有商人的气魄、匠人的智慧、手艺人的技术等，这些就算在号称科学技术万能的现在也是绝不容小觑的。在我还是孩童的时候，就因此对木匠和园丁们的工作产生了敬畏之心。看这些是能对人的价值观产生影响的。当然，“价值观”这么难的词汇，当时的我并不懂得。但至少我通过落语和讲谈的潜移默化，逐渐明白人的价值不是由权利、头衔和财产决定的。

尤其在金钱上，虽然大家都知道向人借钱很难，也是一件很让人难为情的事，但借钱给别人的难处，以及如何在不伤人自尊的前提下赠人钱财的诀窍我也是直到三十岁之后才开始渐渐懂得的，这也是得益于落语。

不仅如此，由于当时汉字上面都标有假名读音，我在如痴如醉地阅读那些有趣的故事的同时也在不知不觉中学会了那些艰涩难懂的熟语和官职的叫法。当然，这一类的知识讲谈中更多。

还学会了如内藏助、主税、带刀、主马、赖母、主殿、图书、大膳、左马介之类由官职演变而来的武士的名字，常陆、骏河、远江、美作、赞岐等国名，检非异使、目代、佑笔、马回、小姓、中纳言、左少辩等官职名，从三位等有特殊读法的词汇，还有花魁、妓夫、秃、猪牙船等词汇，以及“长屋的更夫”[①]“一路被狗吠”[②]之类有趣的说法。

还有日本刀的名字，一般人只知道正宗、关孙六等，我却在不知不觉中记住了乡义弘、彦四郎贞宗、备前长船长光、志津三郎兼氏等刀名，甚至包括君万岁友成之名刀、三池典太光世一斩刀等。

更难一点的，比如朝鲜响铜水盆[③]（《大佛饼》）、绘高丽梅钵的茶碗[④]（《猫茶碗》）等，这些东西倘若没有一定的古代美术知识是很难解释清楚的。要是能把《金明竹》这个落语中出现的道具逐一解释清楚的话，那就真是一件相当了不起的事了。场景是在江户的中桥（大致在京桥和日本桥中间），道具店的二掌柜操着一口关西腔以极快的语速说道：“我从中桥的加贺屋佐吉方来，前些天从中介弥室那里买了七件宝贝。其中祐乘、宗乘、光乘三件的刀身是备前长船则光的，横谷宗珉四分之一大小带小刀的腰刀，我还以为刀柄是铁刀木，但其实是阴沉木的，我一定要说一下，这木料真真是不一样啊。黄檗山今明竹的自

---

① 形容人因一点小事咋咋呼呼。

② 在落语《品川殉情》中，男子金藏被青楼女子骗去投水殉情，意外捡回性命的金藏从水里爬上岸后往家走，因头发散乱衣着狼狈一路上被狗狂吠，十分凄惨可怜。

③ 落语《大佛饼》中出现的高级茶道用具。

④ 高丽茶碗是茶道中使用的一种陶瓷器具，尤其梅钵花纹的被江户时代的茶人视为珍品。

在钩、刻着“远州”的圆筒花瓶、利休的茶勺配上道入的茶碗、翁手的茶叶罐。青蛙跳进古池激起水花声[①],那可是风罗坊真迹的挂画。还有泽庵、木庵、隐元禅师等人的书画杂贴起来的小屏风。我们家老爷的菩提寺[②]在兵库,据说那里的主持喜欢屏风,所以这是按照主持的喜好裱装准备送给他的。”

我在文字上标上了假名读音,怎么样,读起来费劲吗?[③] 我总觉得不管从什么角度说,复兴假名标音这件事真是很有必要,不过这里先不谈这个,刚刚列举出来的东西全部都是相当贵重的珍品,个个千真万确,没有一个是虚构捏造的。

如果针对这些东西一个一个查阅资料的话,关于茶道的知识必定会增长不少。

过去的落语中展现了很多老百姓的生活场景:在没有现代供水系统的时代,水的供给是如何实现的,江户是什么情况,大阪又是如何;没有电力的时代,照明又是如何实现的;古时候的旅行、住宿、医疗,还有街坊邻里之间的交往又是怎样的,这些日常生活的断面我们不必通过说明类的书籍,只需通过有趣的故事就可以了解到。

---

① 原文为“古池や蛙とび込む水の音”,这是松尾芭蕉有名的俳句。

② 菩提寺:祭祀和供奉祖先的地方。

③ 原著中前面一段内容难读的汉字很多,作者在这些汉字上全都标注了假名读音。

以上谈到的都是落语的"副产品"的效用，但我并不是为了研究这些才热衷落语、讲谈和人情噺[1]的，而是在享受落语和讲谈的过程中，意外收获了许多宝贵的知识。热衷落语完全是因为它有趣，所以我读它、听它，仅仅这样就让我感到满足。并且以我个人来说，通过品味落语，确实也大幅提升了我对于其他艺术形式的鉴赏能力。

① 人情噺：人情落语。

关于人情噺

刚刚我提到了“人情噺”这个词，关于人情噺，我认为有必要稍微解释一下。作为从幕末到明治时期的代表性故事家，三游亭圆朝留下了许多作品都被收录在《圆朝全集》这极具分量的书里，他是一名出色的落语家，但同时又被称为“人情噺大家”。

人情噺到底是什么？人情噺的代表性作品有《牡丹灯笼》《盐原多助》《真景累渊》《安中草三》《文七元结》等。《阿富与三郎》之类的虽不是圆朝的作品，也被当做人情噺在表演。这些有名的作品都改编成戏剧，或是讲谈、浪曲进行表演。

这些故事大抵篇幅较长，要讲完一篇往往要花好几天，不是一场就能讲完的。因为不是落语，自然也没有结尾洒落。整体来说就像是在讲长篇小说一样。那么它和讲谈又有何区别呢？

简单来说，自大正以来讲谈的表演就越来越接近人情噺，到现在可以说几乎已没什么区别了。

所谓人情噺，很多人都认为就是富有人情味的、容易让人感动得热泪盈眶的故事，又或者认为虽然人情噺中经常出现以上的场景，但并非因此而叫人情噺，而是因为其反映了世态人情。与完全以说明性口吻进行讲述的讲谈不同，人情噺在表演时加入了许多生动的感情表达，也就是说和现在的落语的演出方式是一样的。以这种表演方法和腔调来演绎长长的世态故事，给予观众不同于听解释说明性讲谈那样的感受，因而也深受欢迎。

所谓“世态讲谈”中的“世态”，讲谈和歌舞伎有时代剧和世态剧之分，简单来说，以武家故事为题材的就是时代剧，以町人[①]生活为题材的就是世态剧。

《子别》《芝滨》《线香燃尽》和《火事息子》这些故事，由于有十分感人的场景，所以往往被认为是人情噺，但其实这些都是有结尾洒落的成功的落语。

这样说来，落语家就变成不仅仅会讲落语，也会讲讲谈之类的东西的人了。确实如此，过去被称为落语家的人往往都具有讲各种各样故事的能力。

---

① 町人：日本近世居住在都市的工商业者。身份低于武士和农民，但有经济实力做后盾，因而拥有很大发言权，成为日本近世都市文化的中坚力量。

特别是在以前的东京，如果不会讲人情噺就不能被称为合格的真打。

接下来，我要简单回顾一下从落语家的产生、到寄席的变迁再到落语的历史的相关内容。

第三章　寄席的历史

落语起源于何时

落语家正式作为一个职业或者半职业出现，大概是十七世纪八十年代的元禄年间的事。

这个时期在日本的三大都市相继出现了三位落语家，他们是江户的**鹿野武左卫门**，京都的**露五郎兵卫**和大阪的初代**米泽彦八**。

不过，说到落语作品的起源就可以追溯到很久之前了。比如前面提到的《竹取物语》中那句："用跟'无贝壳'（的发音）指'白费力气，求而不得'即源于此"，如果把这算做是落语的一种的话，那么在更早的《古事记》里面也有类似的内容。

更不用说那些没有文字记载的口口相传的民间故事、笑话等，估计从太古时代开始就已在民间出现了。

再看较近年代的，兼好法师的《徒然草》中有好几处内容原封不动成了落语的段子。比如，书中写到有一位僧人去神社参拜时看见神社前面的狮子狗像[1]不是面对面而是背对背地摆放着，他心想这背后肯定有着个意味深长的故事，想着想着竟感动得流下了眼泪。可谁料当僧人向神社的人询问缘由时，神社的人却回答说："那个啊，那是小孩子们捣蛋故意弄的。"说完便赶紧将狮子狗重新摆回了原样。一个恶作剧却让高僧感动到流泪。这故事真是搞笑，并且这搞笑的技巧还相当高明。如果把兼好法师发表感想的最后那句"一个恶作剧却让高僧感动到流泪"省略的话，便可以直接成为落语的结尾洒落了。

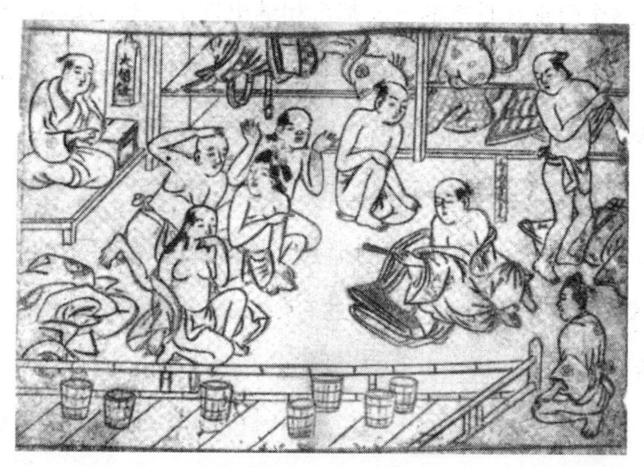

在澡堂里讲话的武左卫门(拿扇子人)

① 狮子狗像：安放在神社、寺院前的一对状似狮子的石兽，以驱除魔鬼，守护神域等。

总之，类似这样的内容不胜枚举，按照一般的说法，我们一般还是认为落语始于贞亨（1684—1688）、元禄（1688—1704）时期。贞亨四年（1687）出版的《正直噺大鑑》中有如下记载：

落语之要素有三，一为打诨，二为辩才，三为动作。尤今世，异于古人曾吕利[①]时之风习，需诙谐风趣、自然生动、富有哲理，看似粗鄙戏谑实则高雅庄重，若其末尾打诨不足亦无味。

这是近三百年前写的，可见那时就已总结得相当完整。

并非说话艺术而是小故事集的话，可以追溯到比元禄早一百年左右的庆长（1596—1615）到宽永年间（1624—1644），也就是十七世纪初左右。那时已有《戏言养气集》《昨日是今日之物语》，还有著名的安乐庵策传[②]所著的《睡醒笑》等一系列优秀作品。不过这些作品大多是在上方出版的，江户地区出现的时间稍微要晚一些。

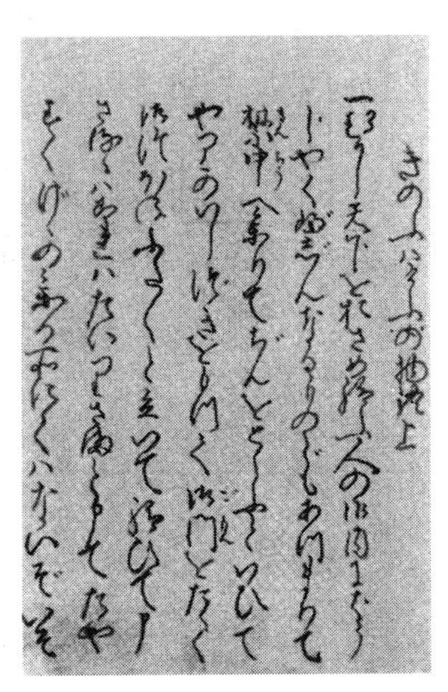

《昨日是今日之物语》原文

① 曾吕利：曾吕利新左卫门。丰臣秀吉的宠臣，精通和歌、狂歌和茶道，富于机智。

② 安乐庵策传：江户初期的说教僧、笑话作者，精通茶道。集传承笑话之大成，对后世的落语、小笑话等说唱艺术的发展影响颇大。

不过从这时开始一直到明治时代，其中虽然也有盛衰起伏，但基本上不管是在江户地区还是上方地区，小故事集和笑话集层出不穷、数不胜数，恐怕能达上千本。其中有在旧的作品内容上只作稍微改动就出版的作品，也有只改变一下封面包装的作品。除此之外，上方的作品传到江户，江户的作品传到上方，单将题目稍作改动便重新出版的所谓盗版作品也不少。由此可见，这类作品确实深受老百姓的欢迎。

文政天保[①]年间开始，落语的篇幅开始变长，但奇怪的是这种长篇落语却并没有以口语形式记载下来，所以几乎找不到类似今天的落语全集一样的书籍。毕竟文字与说话是两种不同的艺术，小故事如果用文字形式表现尚可传达原来的意思，长篇落语的话哪怕是原封不动地写下来也难以传达故事原来的趣味，或许那时的人就已领悟这点了吧。而且，当时也还没有出现速记法。

谈到说话技巧，前面我也说过，从远古时代开始就有老者对年轻人口述历史、传说、经验谈、民间故事等，且不说语部[②]那么久远的，在文字尚未普及、记载还很不方便的时代，说和唱的

① 文政：年号(1818—1830)。天保：年号(1830—1842)。
② 语部：仕于大和朝廷，以在仪式上讲述世代相传的旧辞、传说等为职务的部族。

地位举足轻重，所以我们要追溯这个源头是非常困难的。

但是，把说话当成一种职业或者正业来做的人当中，“说教者”的地位不容忽视。

所谓“说教”，就是僧人向大众传布一些佛教教义。从平安时代[①]开始，这些说教的僧人积极研究说话技巧，他们的教义传布并不像今天大家想象的那样枯燥无味，而是非常有趣生动吸引人的。听者时而感动得流泪，时而捧腹大笑，既能感受听佛法的喜悦，还能作为一种娱乐放松的方式。我们比较熟悉的《今昔物语》《徒然草》中都有关于这些说教者的记载。

众多听众们聚集着坐在一起，说教者就坐在听众前面的高座[②]上说教。下面的人时而捧腹大笑，时而潸然泪下，听得入神。大家是不是联想到了落语？而且这些传教者中，最先出场布教的人称作“前座”，较后出场的人称为“后座”。现在落语寄席中的“前座”[③]一词应该就是出自于此处。

从平安时代开始，说教活动中的娱乐成分较多，口碑好的

---

① 平安时代：从794年桓武天皇将首都从奈良移到平安京（现在的京都）开始，到1192年源赖朝建立镰仓幕府一揽大权为止，是日本古代的最后一个历史时代。

② 高座：这里指的是布道说教的僧侣所坐的高于一般的座位。

③ 前座：指落语演出时在正式表演前的或前半场的演出，亦指从事这类表演的人。用作区分落语家的级别时，“前座”指级别最低的表演者，或指尚在修行中的人。

说教僧人相当受欢迎。从镰仓、室町时代开始直到江户时代[①]，这种说教形式逐渐渗透到百姓的生活当中。说教不仅仅可以传播佛教，还成为了人们娱乐、学习、社交的手段，此外还是各寺院重要的经济来源。因为来听说教的人会带着米或者钱来，以此作为对说教者的谢礼，同时也成了提供说教场地的寺院的收入。由此也可以联想到现在落语界中落语表演家与寄席的关系。

这种传统的说教一直延续到明治大正时代，这样说好像有点欠妥，因为在如今的一些偏远地区仍然还可以看到。今天，无论在城市还是在农村，说教活动依然很盛行，但却已有别于以前那种有趣的说教了。今天的说教几乎没有娱乐成分可言，只是单纯的传教而已。与我要说的话题相关的那种娱乐性说教可以说已经消失了。

如果想更加深入地了解说教或是说教与说话艺术的关系，我推荐大家读一读关山和夫氏的《说教与话艺》一书。书里还很详细地介绍了与落语有关的内容。言归正传，从平安时代开始到江户时代，说教者的说话技术有了很大的进步，说教者一人坐在众人面前长时间讲话，让听众感动得时哭时笑，这种说

① 镰仓时代：1185—1333 年。室町时代：1333—1568 年。江户时代：1603—1867 年。

话技术对落语产生了非常重大的影响。

讲谈——讲释师的说话技术当然也受到了说教的影响。

战国时代[①]出现了“伽众”。“伽众”指的是伺候在大名身边陪大名们说话的人。其中最为出名的是太阁秀吉[②]的伽众——曾吕利新左卫门。伽众可能会很容易让人误以为他们的职业就是说一些搞笑的话来逗乐和奉承主人。事实上伽众原本做的事是相当严肃的，他们自身也经历了很多战事，因而会在将士们举行的夜谈宴会中讲述一些古代名将的逸闻趣事或武士的道德修养之类的东西，这些人的身份和待遇其实是比较高的。

很自然，听者会希望这些故事是有趣的，因此讲话人必须具备讲话的技巧，这样伽众就成为了职业说话者。这些讲故事的人大多人生阅历丰富，深谙茶道、和歌俳句，武术等方面也有很深的造诣，讲起话来和有很高文化修养的文化人无异。但是进入江户之后，因为天下太平没有战乱，所以这种职业就不复存在了。

不过，此时民间开始流行起小故事。随之，职业说故事的人，也就是说话艺人开始出现了。

---

① 战国时代：日本史上指从应仁之乱（1467—1477 年）至 1568 年织田信长入京的混乱时代，群雄割据，各地战乱持续不断。

② 太阁秀吉：特指丰臣秀吉。日本战国时代、安土桃山时代的武将及大名，后来统一日本。

始于露天的上方落语

"太平记说书人"一般被认为是讲谈的前身，出现于庆长年间[①]，不过这一说法并未得到证实。这些说书人在大路上给人们讲《太平记》《源平盛衰记》[②]，与此相同，上方落语起初也是在大路或者一些露天场所进行的。

京都落语始祖露五郎兵卫是在延宝(1673—1681)到天和(1681—1684)年间开始活跃的。十七世纪七十年代，他在京都的北野天满宫、祇园、四条河原等地方，用苇帘围起一个小屋来讲故事、解答谜语以娱乐大众，在当时具有非常高的人气。

米泽彦八[③]有好几代，第二代是在京都活动并成名的，初代则是在大阪的生玉神社附近搭建的一个露天小屋里开始表演

---

① 庆长：年号(1596—1615)。

② 《太平记》：日本古典文学之一，全四十卷，以日本南北朝时代为舞台，描写1318—1368年约五十年间的军记物语。《源平盛衰记》：军记物语《平家物语》的一个异本，作者不明，读本系统分类，可分为四十八卷。

③ 米泽彦八：在这里作为一个名字来继承，几代人均用这个名字。

的。初代成名的时间几乎与京都的五郎兵卫在同一时期，或者略晚一点点。

江户的鹿野武左卫门生于1649年逝于1699年，露乃五郎兵卫则生于1643年逝于1703年，两人只相差六岁。可以说这三人都是活跃在同一时代的。

武左卫门开始也是在用竹席围起来的露天小屋里讲"辻噺"①，不过，他后来很快就把场所转移到宴会场内，由此被称为"座敷仕方噺"②。

在小屋而非室外举行的"辻噺"（在北野天神的露五郎兵卫）

① 辻噺：在来往行人较多的道路边讲的小笑话。

② 座敷：艺人等应客人之招出席的宴会、酒席。仕方噺：带有动作、手势地说故事，特指落语。

上方落语里，见台、膝隐等道具一直延用至今。表演者会用小拍子来敲台子，或是用被称为“叩き（TA TA KI）”的皮制张扇边敲打阅书台边讲述。

而讲谈也是在表演者面前摆一张小桌，使用纸制张扇，根据个人喜好不同也有使用小拍子来表演的，其使用的道具跟落语极为相似。其实讲谈和上方落语所使用的这些道具，都受到了露天表演的影响。

在安静的室内和设备齐全的剧场表演时，客人会听得很认真，并且影响气氛的因素也比较少，表演起来也就比较容易。但是与室内表演不同，在室外广场、空地或是神社寺院等地用苇帘围起的小屋里表演的时候，周围免不了喧嚣嘈杂，想让台下的客人安安静静地把注意力全放在表演者身上就非常困难了。这时表演者“啪”地敲打台面可以让观众的注意力集中到自己身上。作为一种演出效果，边讲边敲打台面，这跟叫卖香蕉[①]是差不多的意思吧。

上方落语中较早使用了“鸣物”（乐器）、“杂子”[②]等。还用

① 叫卖香蕉：摊贩把香蕉等放到摊位上，一边用棒敲打摊床，一边高声叫卖。
② 鸣物、杂子：表演时为营造气氛使用的响器。

三味线[①]、太鼓[②]等吸引观众前来观演，或是用来提升表演的效果。

在此顺便提一下上方落语中小拍子和张扇的使用方法。

正在使用张扇和小拍子的米朝

虽说叫“膝隐”，可如今两侧舞台非常宽敞，所以不可能挡住膝盖让左右两边的客人都看不见。但是从前的表演场所确实很小，所以叫做“膝隐”并非言过其实。上方落语表演时动作幅度较大，衣服的下摆很容易乱。使用膝隐是为了遮挡这类不雅，不过早先我还曾认为膝隐的作用是藏一些演出时需要的小道具。

“见台”就是阅书架，原本是专门用来放书的台子的名称。事实上，净琉璃中也称之为见台，净琉璃的台词本“床本”就放

① 三味线：日本的一种拨弦乐器。音箱蒙猫皮或狗皮，其上装有长柄，张三根弦。一般认为琉球三弦传入大阪后经琵琶法师改造而成。

② 太鼓：现在是日本的代表性乐器，太鼓的形状有大有小，形状像啤酒桶。

江户时代上方非职业的落语会

在这上面。不过净琉璃使用的见台的台面是倾斜的，而上方落语的见台则是水平的，就像桌子一样。虽说与讲谈用的台子相似，但上方落语的台面相对小一些，并且木板也偏薄，用的木材是普通的扁柏树。（据说上方落语早期用的台也是斜面的）

"张扇"，正如前文所说，它的里面是竹子，外面则用皮革制成。小拍子是用橡树之类比较硬的木材制成的，所以敲起来声音高亢。这些道具中除了张扇以外，其他都由寄席统一配置，只有张扇是表演者自带，表演者需要根据自己的声音高低来订制适合自己的张扇来使用。落语家在初级阶段必须要练习发声，所以为了让张扇的声音也高一些，有人会在张扇上端放两文旧铜钱，这样张扇敲打桌子的音量就变高了，从而辅助自己在练声阶段提高说话音量。

一边弄出噪音一边讲话时，说话音量如果不高过噪音听众是无法听见的。所以为了使自己的嗓音变大，声音能够更具穿透力，这种练习方法还是很有效果的。

在东京，说起入门阶段练习的落语作品，有《寿限无》《垂乳根》《金明竹》等。这些作品里面都有朗朗上口、可以一气呵成说完的段子（业界称之为"立弁"）。通过说这些段子来练习口齿，学习如何使舌头灵活不打结，如何调整呼吸以及如何把握节奏。不过，也不能一味地追求速度，因为语速过快会让人听不清你在讲什么，必须在快的同时保证吐字清晰。

上方落语的这类段子中有一种被称为"旅素材（旅ネタ）"的，就是一些讲旅情的段子。

比如《伊势参宫神之赈》（东之旅）、《兵库船》（西之旅）等作品。落语表演者们把讲这些旅途轶事的段子当做是练说话技能的基础训练，和着小拍子和张扇一个劲儿地说。不过现在已经很少有人采取这个练习方法了。但我个人觉得这是一个很好的方法（理由就不在这里细说了），所以我还是让弟子们都采用这种方法练习。这种练习也是讲谈的入门功夫，讲谈练那些通称“修罗场”的军记类故事或战争故事，比如《三方原合战》《山崎军记》之类的，跟落语入门阶段做的练习差不多。他们边用张扇有节奏地敲打台子边讲道：“……这时，大将左马介光春，此乃何人，且看他的装扮——身穿白丝铠甲银甲片，白檀漆透七宝[①]的护臂护腿，头戴天下十九名盔之一大名鼎鼎的二谷头盔，披狩野永德[②]水墨云龙模样的战袍，袍领为三尺虾夷锦[③]，使用人称鬼织的越后缩[④]织法。腰间佩带赤铜锻造的二尺八寸长刀，腋挟丹波[⑤]国宗[⑥]所造长矛，穗前一尺六寸、柄八尺……”用高昂的声音来表现战场的英姿。落语的练习方法与此基本一样。

接下来介绍上方落语初级阶段旅情段子的代表《东之旅》中的一小节：

“一个懒汉对他的朋友说‘……气候好转了很多啊，不如我

---

① 白檀漆透七宝：白檀漆是漆艺技法之一，在施以金箔、银箔、金粉之后涂上半透明的漆。七宝即七种宝物，具体指何物说法不一，《无量寿经》中指金、银、琉璃、玻璃、砗磲、玛瑙、珊瑚；《法华经》则从中除去“玻璃”“珊瑚”增加“珍珠”“玫瑰”为七宝。

② 狩野永德：安土桃山时代的著名画家。

③ 虾夷锦：锦的一种，在青地上用金、银丝线指出云龙、波涛等图案，用作袈裟。

④ 越后缩：以新泻县小千谷为中心纺织出的质量上乘的麻质织物，用强捻纬纱使起皱纹的织法。

⑤ 丹波：日本的旧国名之一。位置在京都府中部和兵库县中部。

⑥ 国宗：镰仓中期备前的刀匠，国真的第三子，作品多长刀，弯度大。

们就去去伊势神宫参拜[①]吧’。‘去去’说得好轻巧的样子。于是两个人择了黄道吉日，准备了红小豆糯米饭[②]，跟亲朋好友一一道别。终于到了出发当天，他们在众人送别的目光里从安堂寺桥向东启程了。这不，瞧瞧两人的打扮，真是英俊潇洒。一个外着蓝弁庆袷[③]里穿浴衣[④]。另一个竖条纹外套搭配浴衣，筑前博多带[⑤]用贝口结法[⑥]紧束。为防止脱落还加了细绳，细绳上再绕一巾半[⑦]长的长滨绉绸[⑧]，多余部分搓揉成绳，塞进腰带。不过乍一看就像是在大树上绑上了注连绳[⑨]，又像是急急忙忙的和尚在佛堂里迷了路的样子。腰间挂一护身短刀，头上包着新汗巾，为了不挡住脸颊，汗巾不绑在下巴处，而是向后绑在发髻处，这样双颊就露出来了。前额头发向外奓，可真是玉树临风

---

① 伊势神宫参拜：去伊势神宫参拜多在气候宜人的春季前往。而且在当时是有钱人才能有足够的资金负担起去参拜的路费。

② 红小豆糯米饭：糯米和小豆同蒸的饭，用于喜庆。

③ 蓝弁庆：弁庆双色大方格花纹，把茶色、藏青色等两种颜色的色纱用于经纬织成宽窄相通的棋盘状花纹。袷：夹和服，夹衣。加上里子缝制的和服，相对于单衣和棉衣而言。

④ 浴衣：用棉布做的单层衣物，入浴后或夏季穿着。

⑤ 筑前：日本的旧国名之一，位置在福冈县北部和西部。博多带：用博多丝绸制成的和服带子。以单层腰带“献上博多带”（曾作为给幕府将军的贡品）、“独钴博多带”（织有金刚杵花纹者）最为有名。

⑥ 贝口结法：和服角带的一种结法。一头折得宽，另一头折得长，对折后再联结起来，剩余部分朝上。

⑦ 巾：为计量单位。一巾约三十六厘米。

⑧ 长滨绉绸：日本滋贺县长滨市一带出产的质地厚实的上等绉绸。

⑨ 注连绳：为了阻止恶神入内而在神前或在举行神道仪式场所周围圈起的绳。

啊。行李前后分开搭在肩上，盘缠装进钱袋子缠于腰际，其他零钱放进荷包塞进怀里，穿上崭新的草鞋，‘咚咚’在地上试着踏了几下。脚底轻腰间重，这正是出门旅行的理想状态啊。要是反过来变成腰间轻脚底重，那可就难以上路喽”。

以这样的节奏，接下来会继续讲这两人在玉造、深江、暗峠途中发生的事情。其间还会使用刚才提到的小拍子和张扇等敲打物，用以增加节奏感和搞笑的气氛。

这些敲打道具除了在练习讲旅情段子时使用之外，在很多其他场合也能派上用场。

例如在场面变换的时候：“要去的话不快一点就赶不上了，快，跟上”（在这里“嘭”地敲打一声）“外面天气真是好啊”，“嘭”一下这就切换到另一场景了。

或者表示时间的推移。

“我先出去一下”（在这里“嘭”地敲打一声）“我回来了”这就直接到回来的场景了。

又或者在强调变化的时候也能使用。

“在这件事上能请你帮帮忙吗？”（在这里“嘭”地敲打一声）态度和说话语气骤变：“算了！喂，你到底怎么想的啊？”

此外，当事情在两个不同场所同时进行时可以用小拍子

“嘭”地敲一下来代替“这边的情况是……”等旁白说明，从而实现场面转换。例如本需旁白说“天亮之后”时只需“嘭”地敲一声便可直接转换场景说“早上好，昨晚真是谢谢了”。如此这般，总之敲打道具的用途是十分广泛的。

这跟在讲谈里的用途几乎是一样的。

此外，它们还可以作为表演内容的道具派上用场。如在《吊唁》《代书》《菊江佛坛》等表演中，可以直接把见台当做情节中需要的记账台来使用，小拍子可作墨来假装在砚台里磨墨的动作。表演《游山船》《兵库船》的时候，见台又可用作船舷，桥的栏杆；而在《寄合酒》中见台又变成了砧板，张扇则当作菜刀来使用。当表演中需要比较棒鳕（干鳕的一种。把鳕鱼切成三块，去掉头和内脏后晒干的食品。）的大小时，表演者可借用大张扇和小扇子来形象表示。

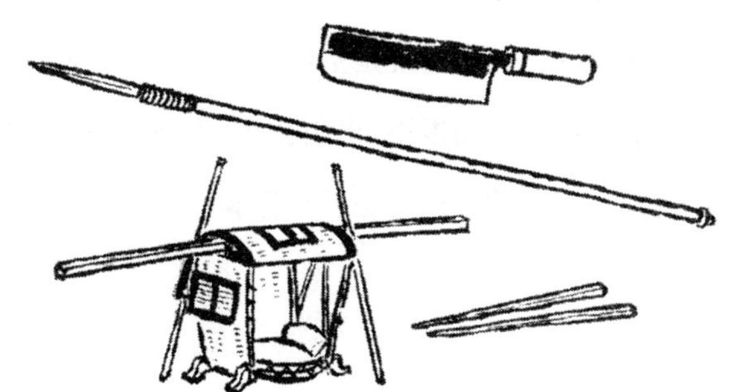

但是，即使不用这些道具也可以表演得很到位，所以也有很多人不喜欢用道具。此外，在表演场上摆放见台和膝隐这些道具也会带来很多不方便的地方。

例如，因为看不到膝部线条，所以在表现女性形象的时候比较麻烦①。另外，放在膝盖上的手的细微动作也看不到。而且如今的落语表演经常会在比较大的场馆里进行，摆上了见台和膝隐之后就常常会以此为中心来表演，这就限制了表演的空间，而让演出显得不够大气。反而什么都不摆，只要表演有张力，就会让人觉得艺术的感染力在无限延伸。

所以，现在根据表演内容的不同，有时会使用这些道具，也有时就不使用了。

我花了很长的篇幅来介绍见台、膝隐这些道具，实际上在东京的落语中是没有这些的。因为与上方落语不同，东京落语一开始就是在室内举行的。说是室内，也并非我们今天所说的落语寄席。那时都是借用饭馆、出租会场、寺庙、神社等场所来举行“故事会”。寄席的出现还是后来的事了。

---

① 因为日本男性和女性正坐坐法不同，所以膝部线条有也不同。

较为考究的江户落语

上方落语发源于室外一些条件比较艰苦的地方，为了能从观众那里赚取生活费，表演者们必须想尽一切办法来逗笑他们讨好他们，只要是观众喜欢的东西都要去尝试。因而，与在室内上演较为考究的江户落语相比，两者在表演姿态、演艺风格上大相径庭也不足为奇。这个差异一直持续到今天，成为东西落语在特质上的区别。

江户落语中自古以来作为风流雅士的消遣成分就比较多。落语与俳谐、狂歌、川柳①等相通，又很符合那些钟情戏剧、音曲②等的文人雅士的趣味爱好。

所以跟狂歌师玩文字游戏取名一样，江户的落语家取的名字往往体现自己的志向和闲情雅趣，比如四方赤良、晓钟成、紫

① 俳谐：俳句、连句、俳文等的总称。狂歌：以谐谑为主，引用滑稽趣味的卑俗的短歌。川柳：日本杂俳的一种。由五、七、五计十七个假名组成的诙谐、讽刺短诗，属江户庶民文艺。

② 音曲：（俗曲）用三味线弹奏的通俗歌曲，小曲。

檀楼古木等。

三笑亭可乐，这个名字源于“山椒很辣”[①]这句俗语，加上中国有“虎溪三笑”这个典故，又因落语本就是讲话逗笑的职业，所以取其谐音字为“三笑”，而“可乐”[②]则是取字义，表示应使人愉悦之意。

蝶花楼马乐，这是源于在中国《列仙传》等书上有详细记载的一个故事。一个叫张果老的神仙，他能在葫芦里变出马骑着马在空中飞，又能将马变进葫芦里，常常以此仙术为乐，所以取“张果老马乐”之谐音“蝶花楼马乐”[③]。

三游亭圆生，这是三游派开山之祖的名字。光从字面看可能看不出什么，其实刚开始是写作“三游亭猿松”的，这样一来就明白了吧。即在山里游玩的猴子和松树的意思。随后，将“猿松”替换为更好的同音文字——圆满地生活的“圆生”二字[④]。

金原亭马生，小金原市（现在的松户市）从江户时代开始就是幕府的牧场，盛产马，借“金原亭有马出生”之意取此名。

---

① 日语俗语中有句话叫“山椒即使小也很辣”形容不能以貌取人。而“山椒”与“三笑”同音。

② 日语中“可”有“应该”之意。

③ 日语中“张果老”与“蝶楼花”同音。

④ 日语中“三”与“山”同音，“猿松”与“圆生”同音。

丽丽亭柳桥，“柳桥”这个名字最初不是叫“春风亭”而是“丽丽亭”①。意为春风和煦的柳桥。

铃铃舍马风，以前旅途中的马脖子上都挂有铃铛，取马上的铃铛在风中发出鸣响之意。

春风亭柳枝，随春风飘荡的柳枝的风情。

春锦亭柳樱，取自于和歌“柳展樱花开，满城是春锦”，是一个非常有诗意的名字。

蜃气楼龙玉，北海道的海岸上出现的蜃气楼②现象。传说蛤③一吐气就会形成蜃气楼现象，所以取字“蜃气楼”。“蜃”是指很大的蛤。出现的楼阁也叫龙宫。而在众多传说中龙身上都有玉石，由此取了“蜃气楼龙玉”这么凝练的名字。

当时在江户落语家中非常盛行取这种具有文人闲情逸致的名字。而在上方落语家则几乎无人用这样的名字。

这也并不是说上方的落语家没有文人趣味，只是跟江户的相比略低一筹而已。

俳谐④的运座也就是俳句会。参加这些集会时，作者们可

---

① 现在“丽丽亭柳桥”这个名字已不再使用，从第二代开始改为“春风亭柳桥”，后一直沿用至今。

② 蜃气楼：海市蜃楼。

③ 蛤：扇贝，贝壳呈慢圆三角形，表面平滑而有光泽。栖息于北海道南部以南海湾的泥沙。

④ 俳谐：日本平民诗的一种形式。

以带上自己的作品给作为评选人的俳句宗匠评定。这类集会就称为“运座”。元禄时代以后,此类集会在江户大为盛行。

落语也有这样的集会——“小噺会”。同样的,落语家把自己的作品带到集会上让评选人评定优劣,还可以让成员之间互相评价,然后选出优秀作品。这种有点像创作比赛的“小噺会”在当时十分流行。

还有人会将这些优秀作品汇编成书。这种集会在上方地区也十分盛行。

哪怕是仅有十七音的俳句,念的时候也有好坏之别,更何况是落语。所以在呈现自己的作品时,说得好与不好会直接影响落语作品的价值。因此这些集会上也涌现出一些业余的落语家。总而言之,“小噺会”在天明年间[①]达到了全盛阶段,其中最为有名的是**立川焉马**(又名乌亭焉马)。他本职是木匠工头,但也精通俳谐、狂歌,还会自创落语段子,表演功底也十分出色,著有《歌舞伎年代记》《落噺六义》等,因此也是当时非常有名的文人雅士、风流人。

但是由于这种集会过于盛行,时而会受到奉行所[②]的禁令压制。虽然集会不是讽刺批评官府的集会,但是众多市民聚集

① 天明:年号(1781—1789)。

② 奉行所:奉新衙门,执行公务的官署。

在一起狂热于这么无聊的东西，多少有点令上面的人不快。可流行是个很神奇的东西，想挡也挡不住，大众们还是会以各种理由聚集在一起享受集会的快乐。

到了文化年间(1804—1818)后半期，这些官员也开始妥协了，附带条件地认可了集会行为，于是集会的盛行一下子达到了新高度。

这时开始出现了寄席雏形，在立川焉马之后职业的落语家不断涌现，观众的欣赏水平有所提高，说话的艺术也在不断进步。

从宽政年间(1789—1801)到文化年间，初代**三笑亭可乐**出

在三题噺会场聚集的看客

现，这是落语发展史上很重要的一位人物，他开创了“三题噺”的表演体裁。

所谓“三题噺”，是指把观众给出的三个题目穿插在一起编成落语段子即席表演，这需要表演者随机应变。

因为是拿到题目后当场创作表演，所以创作的段子会比较短，但如果是隔一个休息时间的话则可以创作出很长的段子。

有名的落语段子《鳅泽》就是三游亭圆朝以观众给出的“玉子酒”“解毒的护身符”“铁炮”这三个题目进行创作的。之后又经过反复完善才成就了那么出色的作品。

三题噺的创始人初代可乐培养了很多弟子，寄席也愈发流行，数量不断增多。此时开始，落语逐渐接近今天大家所熟知的落语。

落语家、寄席、落语等概念也与现代落语基本一样了。

寄席登场!

至此称为“寄席”的曲艺场开始出现。

此前的落语表演不是在室外用苇帘搭起的小屋里,就是在酒席、饭馆、出租场馆、神社寺庙等地。现在终于有了小剧场一样的专门场所。

关于寄席出现的时间,在上方有很多种说法,所以具体的时间并不确切,大体上可以认为是在宽政六年[①],从初代桂文治在坐摩神社内设立寄席开始。

江户地区稍微晚一点,始于宽政十年。一个名叫冈本万作的落语家从上方来到江户,据说他在东京神田丰岛町的藁店这个地方挂起“顿作轻口噺”[②]的牌子,并在大街小巷张贴传单招揽人来看他表演。宽政十年是1798年,这么算起来江户寄席的出现大约是在一百九十年前。

---

① 宽政为1789—1801年,所以宽政六年为1794年。

② 顿作轻口噺:即兴笑话。

从职业落语家出现到寄席这种专门的表演剧场出现，之间隔了一百年左右的时间。

新宿的末广亭

末广亭的观众席

大阪的角座

“よせ(YO SE)”[①]最初在江户是叫做“寄せ场(YO SE BA)”,后来安了“寄席”这两个汉字,于是读音便简略为“よせ(YO SE)”。上方则更简单地把“寄席”叫做“席(SE KI)”。江户最初也有人使用“席”这个叫法,但还是“寄席”的叫法更为普遍,浪花节、漫才等的表演剧场都叫做“寄席”,电视、广播节目上也都使用“××寄席”的叫法。

整一年都有固定演出的寄席叫做“定席”。虽然现在落语定席已经很少了,在东京还是有新宿的末广亭、上野的铃本、浅草演艺会堂、池袋演艺场,以及本牧亭等几家。

关西则有梅田花月、难波花月等几家,不过这几家只是“色

① 寄席的假名读音是“よせ”。

物席”，并不是落语定席。是以漫才为主，包括落语、浪花调、魔术、音乐会、喜剧等其他各种表演的综合表演场所。

“色物”这个词是增加趣味、增添色彩的东西之意。以前的落语寄席从头到尾都是落语家一个人在表演。这样一来观众会觉得沉闷，二来场内气氛不活跃也不利于表演者表演，于是就穿插一些乐曲、魔术之类的表演来活跃气氛。总之色物就是为落语家的表演添彩的节目的意思。当这些节目的数量越来越多，寄席就变成可以表演各种类型的艺术的地方，于是称之为“色物的寄席”。现在大部分的寄席都是这种“色物席”。

如果表演中有十一个落语，漫才、魔术、声音模仿等各插入一个这样的比例的话，就叫做落语的寄席。但是如果是六个落语表演，加上三个漫才，乐曲、魔术、剪纸 、杂技表演各一个的话，就可以叫做色物的寄席。当然，这也没有严格的定义。而且现如今东京所有的寄席加起来也不过十家，这种分类已没什么大作用了。

一般来说不把落语归为色物的类别。但是在上方一些以漫才表演为中心的寄席里会穿插两个落语表演和一个魔术表演，在这种情况下落语和魔术表演就算是色物。

自宽政年间江户最早的寄席开业之后，寄席便成了百姓日常的娱乐场所，越来越受到人们的欢迎，数量也越来越多。据记载，宽政十年开始到十七年后的文化十二年(1815)为止，在江户已有七十五家寄席，到文政[①]末年的时候增加到一百二十家，天保十二年(1841)更是达到一百五十家之多。

表演“百眼”的艺人

表演艺人的人数和种类也随之不断增加。除了落语家、讲谈师之外，还出现了净琉璃、音曲[②]、魔术、模仿、百眼[③]、八人

① 文政：年号(1818—1830)。

② 音曲：近世以后的日本邦乐，特指俗曲。

③ 百眼：在厚纸上画上眉毛、头发等，两边加上可以套在耳朵上的线做成眼睛状的纸面具，边变换面具边讲小故事。

艺[①]、声色[②]、手踊[③]、锦影绘[④]、猜谜等各种门类的艺人。但在天保十二、三年时，遇到了著名的天保改革[⑤]，受老中[⑥]水野越前守政治改革的影响，幕府提出必须压制寄席的发展。

寄席的数量顿时从一百五十家减半为七十五家，最后只剩下十五家了。

但是，无视及扼杀百姓需求的统治从来都不会长久，所以这种情况仅持续了三年，新的老中上任后寄席的经营立刻又放开了。寄席数量立刻出现回升，到了幕府末期的安政年间(1854—1860)，也就是寄席数量减少到十五家之后仅仅过了十年便回升并达到了一个令人吃惊的数量：讲谈场二百二十家，落语寄席一百七十二家。这是江户的情况。

上方这边，幕府末年讲谈场和落语寄席合计也有四、五十家。但是，因为上方的人口、地域规模都不比江户，所以这个数字也不具可比性。

---

① 八人艺：一个人表演八个人的乐器。

② 声色：模仿演员说台词的技巧和声音。

③ 手踊：徒手舞。不用任何小道具轻松表演的舞蹈。

④ 锦影绘：是利用投影装置和光源，将着有色彩的人物、动物剪影变成动画来讲故事的表演形式。

⑤ 天保改革：日本江户幕府的幕政和藩政改革，实行于天保年间。1832 至 1837 年，天灾频发导致农业歉收和全国性大饥馑，农民起义频繁发生，为维护封建统治，幕府在首席老中水野忠邦主的主持下实行改革。

⑥ 老中：江户幕府的职务中具有最高地位、资格的执政官，直属将军。

到了明治时代，无论在关西还是关东，落语都迎来了一个全盛期，同时也出现了很多好的寄席，演艺界盛况空前。

作为当时具有代表性的娱乐手段，歌舞伎需要花大量的人力物力准备和排练，而且对观众观赏能力也有一定要求，相比之下落语寄席既方便又轻松搞笑，这种表演受到大众的热捧也理所当然。

到了大正时代，娱乐方式更为丰富，特别是随着电影的出现和发展，寄席受到很大冲击，开始显露颓势。到了昭和时代，就连在比较重视娱乐的大都市，寄席也称不上是百姓代表性的娱乐机构了。昭和可分为战前、战中、战后三个阶段，而战后在电视出现前和出现后又有很大不同。但是从在路边讲讲笑话或者是举行小型故事会等这种娱乐程度的落语，发展为今天所说的落语和寄席，其定型时间基本上可以认为是在天保末期到明治初期之间。

那么接下来就讲一讲寄席的具体内容。

端呗①、都都逸②、笛、太鼓

去过如今的寄席现场的人应该知道，除了上野的本牧亭以外，像以前那种榻榻米的寄席已经没有了。现在的寄席都一排排地摆放着椅子。以前是不能穿着鞋进剧场的，客人们将鞋寄存在入口处，领取毛笔粗字书写的号码牌后进入剧场在小坐垫上听落语。

在还没有场内禁烟这一规定之前，场内会提供一种小箱子，这个箱子里面装着火盆，可以兼做烟草盆和取暖手炉用，客人只需花很少的钱便可以租到。想要买茶喝的时候，茶壶和茶碗也会一起放在一个托盘上送过来。看鞋人的服饰、场外招牌上的字，以及这些场内的小物品都会营造一种愉悦的气氛。

---

① 端呗：三味线音乐的一种曲目，起源于江户中、末期江户城内流行的通俗小曲。明治以后，主要在花柳界的酒宴上作为消遣方式而十分流行，并通过唱片、广播在普通市民中也广为流传。

② 都都逸：俗曲之一，流行于江户时代天保、嘉永年间。其源流为“好此调（よしこの節）”，都都逸坊扇歌改编配曲，人们自填风趣歌词即兴弹唱，很受欢迎。多将男女间的谈情说爱，配以七、七、七、五调的词句，由三味线伴奏弹唱。

在寄席中，位于正面的高台不叫舞台而叫“高座”。面对高座来看，右边叫“上手”，左边叫“下手”，这个在之前已经有所说明了。在下手的地方一般设有配乐的“囃子场”[①]。歌舞伎中也是在下手的位置，这已成惯例。

因为是在下手位置，所以负责音乐伴奏的这些人称为“下座”。在这个地方摆放着大太鼓、缔太鼓[②]、钲[③]、锣等乐器。为了能从囃子场看到高座和观众席，所以往往只是拉一个帘子。在里面弹奏三味线的一般是女性，打击乐器则由前座负责。但在上方另有专门负责这些打击乐器的人，称为“ヘタリ(HE TA RI)”。不过即便如此，所有的落语家在前座阶段都是要练习打击乐的。

在囃子场中，开场鼓大抵在开场前就已经开打了，所以只有提早入场的人才能听到。接下来叫做“砂切”[④]的第二次鼓是在临近开场前打。这些习惯都是源自于歌舞伎剧场的做法。

到了开场时间，首先出场的是前座。“出囃子”——也就是出场音乐，根据各个演员的身份不同所奏的音乐也会有所不

---

① 囃子场：奏乐的地方。

② 缔太鼓：太鼓的一种。绷面鼓，两侧的鼓面皮革以带绷系，可按绷系的松紧程度来调节鼓面的张弛。

③ 钲：用撞木敲的钟。

④ 砂切：日语为“シャギリ”。

同。到了真打级别的人便可以指定自己专属的出场音乐，其他人就不能使用。

伴随着出场音乐帷幕渐渐升起，舞台中间会摆放着一个坐垫。在下手或者上手的地方可以看到写有即将登场演员的名字的纸张。但是最近很多寄席都是直接把出演者名字写在木板上，轮到谁时直接更换上便可。

前座出场并坐下后，出场音乐便会停止。表演者行完礼便开始讲，但是除了在星期天或是有参观团观演的时候，前座表演的阶段往往还不会有太多观众，因为这时的表演对于前座来说与其说是讲给客人听，倒不如说只是自己的演练，把学到的段子在众人面前表演出来就行了。表演时间大约为十到十五分钟。只要带动现场气氛活跃就算完成任务了。

一个表演结束后，下一个表演者的出场音乐奏起，这时需要有人做一些准备工作，比如翻一下表演者的名字，把坐垫翻个面等。这些工作，有时刚表演完的那位前座自己也会做，不过更多是由其他的年轻的前座或见习生来做。如果是漫才等表演的话，需要用到椅子时还要搬椅子、拿三味线什么的，魔术表演的话还要搬桌子，高座上打杂的事情全都是这些年轻的前座和见习生的任务。

东京新宿末广亭里的寄席情景

如此这般，后面的表演者们陆续出场，不过出场的顺序也是非常有讲究的。例如，要是连续两个稍微差一点的表演者出场的话，台下观众就会感到无聊。所以这时必须派出一个让观众眼前一亮的落语家，在两者中间起调节作用。又如，前面一个是表演很娴熟但是风格相对沉闷的落语家的话，那么随后的这位落语家就要选择比较活泼的，表演技术略逊一点也无关紧要。再如，在两个落语表演完了之后可以插入一段三味线表演等等。总而言之，如果不精心安排表演者的出场顺序的话是做不成生意的。

早前的落语寄席是十几个落语家连续上场，中间并不穿插其他节目，尽管如此演出中还是要有一点变化和花样，这就要求每个落语家都有一些业余专长。如可以这样安排：前座之后出场的人讲完一段落语之后可以跳一段舞再离场。下一位出演者可以先讲一些开场小笑话（即类似漫谈的内容），再讲两三个小段子退场。再下一位出演者则中规中矩地表演一整段纯落语。接下来的表演者可以讲上一小段之后唱一唱端呗、都都逸、大津绘[①]，然后就可以让客人好好听上一段人情噺[②]了。这些落语家有的表演剪纸，有的则表演魔术，并且演完之后自己揭秘来逗笑观众。还有的或弹三味线，或表演模仿秀，或表演芝居噺[③]、音曲噺[④]，夏季则讲个鬼故事[⑤]……尾声时所有人排排站，在俗称大喜利[⑥]的环节玩猜谜、御题噺[⑦]。可见，就算是只有落语家也并非只是表演落语，大家各展才艺会让表演变得内容

---

① 大津绘：日本滋贺县大津市创始的俗曲的曲名。以大津画为题材的三弦曲。

② 人情噺：人情落语。参见第二章的“关于人情噺”。

③ 芝居噺：戏剧落语。人情落语的形式之一，运用响器、嗓音模仿歌舞伎使表演达到高潮。

④ 音曲噺：小曲落语。在表演的过程中，落语家本人或下座的人，会在三味线或钲、鼓、笛、等的伴奏下演唱的落语。

⑤ 日本人喜欢在夏季讲鬼故事，因为觉得在炎热的季节里听鬼故事可以让人感觉凉爽。

⑥ 大喜利：“大切り（おおぎり）”，取同音但寓意更好的汉字因而写作“大喜利”。系曲艺表演最后的余兴节目。

⑦ 御题噺：御题落语。五六位落语家分别装扮成主人、妻子、儿子、掌柜、消防队长并排而坐，先是男主人欲与儿子断绝关系，其余的人则利用观众那里借来的物品一边讲逗笑的话一边替儿子赔不是。是一种即兴表演形式。

充实、丰富多彩，这样一整晚的演出才能够顺利进行。

剪纸和百面相①等也都是落语家的业余技艺。听说西方的歌舞杂耍必须要能说、能唱、能跳、能弹、能模仿。以前的落语家也同样要求全能。如果是说得特别好的落语家，单凭一张嘴讲故事就可以开门做生意了。而技艺略逊的落语家就必须要掌握一些业余技能。因此，大家都会想方设法地学各种奇招妙术。

落语家们表演这些业余技能，演得好不好暂且不论，但不管怎样必须要好笑。比如表演不到位但是古怪得很好笑，或者结尾有出人意料的笑点，又或者舞蹈中加入一些能够逗笑观众的杂技成分等等。甚至是跳得不成样的舞，只要能跳出别样的趣味，哪怕台下观众席里坐着一流的专业舞蹈家也照样能拿得出手。就这样年复一年，落语家的业余专长也就慢慢娴熟，表演也会更显得自然大方。由此而言，所有的寄席的表演技能都需要这样不断地磨练和积累经验。

① 百面相：表演各种面部滑稽表情的演艺。

从容生幽默

回到我们之前说的寄席表演的话题。

在落语寄席中会穿插一些其他表演，这样当整场演出进行到四分之三时就进入休息时间，我们称这个休息时间为“中入”。相扑比赛中也使用这个词，比如常说中入后的比赛，其实就是中场休息之后的比赛。这个词源自能乐表演。欣赏过能乐的读者应该知道，在前仕手(前半部分中扮演主角的演员)沿桥悬[①]退场后，囃子和地谣(类似于和声)演出者虽仍在舞台上，但这时会插入片刻休息的时间。此时，间狂言[②]登台以填补主角们擦汗或是更换戏服的间隙。之所以称这段时间为“中入”，大概就是因为此时主角会进入内场休息的缘故吧[③]。有趣的

① 桥悬：能乐舞台上从镜间(登台前主角用于佩戴能面、装束等的小屋)斜架起通向正面舞台的设有栏杆的通道。除演员登场、退场外，亦作为舞台的一部分使用。

② 间狂言：能乐表演中，当主角在幕间休息时出场叙述曲子主题的道白。他们的作用是帮助观众了解故事背景，并使剧情顺理成章地过渡。

③ 中入：“中”在日语中有“里面”的意思，“入”则是“进”的意思，因此“中入”原意为“进里面去”。

是，至今寄席和相扑中仍然还在使用这个词。

在落语表演中，中入休息之前必须安排顶级的真打来表演，好好说上一段让观众叫绝的段子，等观众回过神来的时候便进入休息时间，让观众放松回味。

中入休息前的表演一结束太鼓便会响起，此时的太鼓叫做“片砂切”，随后帷幕落下。休息的时候会有人来兜售小点心，观众们也可以趁此时间上个洗手间或是到走廊里吸口烟。

十分钟左右的休息时间之后，后台再次传来太鼓声，出场的伴奏也随之响起，帷幕缓缓升起。此时出场的表演者叫做“食付”，关西地区则叫做“啮付”①。剧场和寄席中最前排的座位同样也称为“啮付”，这是一个具有上方特色、玩味十足的词儿。中入休息之后出场的人最好是表演之前所提过的色物，即魔术、杂技、带配乐的漫才等比较热闹的节目。因为刚刚还在走廊的观众们这时才陆陆续续地回到座位，休息时聊天的人可能还意犹未尽地在跟邻座的人说话，场内比较嘈杂一时半会儿安静不下来，一下子进入落语表演的话观众也无法细细品味，所以这时还是安排一些看的或者唱的这类热闹的节目为好。

---

① “食付”“啮付”：日语分别为“食いつき”“かぶりつき”，有抓住、咬住不放之意，形象表现出中入休息后登场的表演者在散漫的气氛中再次把观众吸引回落语表演中的作用。

三五分钟之后观众席终于安静下来了。演到好笑的内容时大家也会有反应，场内逐渐回到休息前的气氛，到了这种可以进行落语表演的状态时，舞台就得交给下一位表演者了。说起来“食付”似乎是个颇为吃亏的角色，但这就是“食付”的使命，事实上这也是非常重要的。

最后一个出场的真打叫做“トリ(TO RI)”，在其之前出场的叫“モタレ(MO TA RE)”，再前一个叫“シバリ(SI BA RI)”①。这三个表演者是非常重要的。客人们从傍晚开始听，听了这么久差不多要累了的时候，为了能让他们津津有味地静听到最后，所以“シバリ(SI BA RI)”的部分需要安排一个比较精彩的节目来吸引观众，以绑住他们的心。这是个难度相当大的任务，所以出场者不管有名与否，必须是个有实力的落语家。而“モタレ(MO TA RE)”的部分则需要安排风格略有不同的人。前面的“シバリ(SI BA RI)”会好好讲上一段，后面的“トリ(TO RI)”又是整场演出的负责人，当然会使出浑身解数卖力表演，所以夹在这两者中间的“モタレ(MO TA RE)”如果表演时再用力过猛的话观众就会感到疲劳。就像不能吃完红豆年糕

---

① “TO RI”“MO TA RE”“SI BA RI”：这三个词均为落语界的专业用语，分别指压轴表演者、串场表演者和中场暖场表演者。

汤之后紧接着吃红豆沙年糕汤，然后又继续吃牡丹饼一样[1]，那实在是太腻人了。这就要求“シバリ(SI BA RI)”“トリ(TO RI)”这两者中间的“モタレ(MO TA RE)”的表演要短小精悍，并且要尽量营造一种轻松愉快的气氛，只要让场下观众哄堂大笑便可退场。如果是落语家表演的话则会在讲完段子之后加上唱歌或跳舞的环节，不过一般来说这里多是进行色物表演。为客人们呈上精湛的落语表演是前一位和后一位出场者的任务，而“モタレ(MO TA RE)”的任务就是调节观众的心情。就像在萩饼[2]和红豆沙年糕汤之间呈上一服茶一样。“モタレ(MO TA RE)”又叫“膝代”，这词很形象地诠释了它的作用。[3]

关于“トリ(TO RI)”的原意有两种解释，一说指领取表演酬劳之人，另一说则指掌控演出关键之人。[4] 两种解释均可，东京则把“トリ(TO RI)”写作“主任”，正是体现了“トリ(TO RI)”就是整场表演的全权负责者之意。

---

① 红豆年糕汤：ぜんざい。红豆沙年糕汤：お汁粉。牡丹饼：指在糯米中掺少许粳米制成的年糕上，撒裹小豆馅或黄豆粉等做成的食物。

② 萩饼：粳米和糯米掺和蒸熟后，轻捣揉成小团，外裹小豆馅、黄豆面的食品。

③ 落语表演中在真打之前出场的艺人，在东京叫做“膝代わり”，大阪则叫做“モタレ”。之所以说“膝代わり”这个词很形象，是因为落语家在表演落语时都是用一个小垫子垫在膝盖下跪着讲的，而负责串场的艺人在表演曲艺魔术等节目时是站着的(“代わり”意为“代替”)。

④ 落语寄席的收入分别由寄席经营方和艺人方领取，早先艺人方的收入则由最后表演的真打领取后分给其他艺人。“トリ”用日语汉字表示本应写做“取り”，这个“取”字则源自于“领取酬劳(お金を取る)”或“最后表演(演者の最後を取る)”之意。

在“トリ（TO RI）”表演结束后向观众行礼时，终场的太鼓声咚咚响起。压轴表演者边向观众致谢边送观众离席。在适当的时点帷幕便可落下了。从前，散场时客人们常常因为找鞋堵在入口放鞋的地方水泄不通，因此有的客人为了避免拥挤，在最后一个表演的中途就离场了，有的干脆就不看最后一个表演了。考虑到这个情况，上方落语表演便在压轴的真打表演之后再加一个小节目。表演这个节目的人虽然是最后出场的，但却不叫做“トリ（TO RI）”，而叫做“追出”①。

整晚的表演到此就结束了。寄席表演本来就是带有商业性质的，从第一位出场者到最后一位出场者，全部表演人员合起来就像一个包装好的商品。

所以不管在什么环节出场，每个表演者都有相应的职责。第二个出场的有第二个出场的责任，第五个出场的有第五个出场的责任，不能越界。比如第四位出场的人，无论他多么受观众欢迎都不能偏离自己的职责，不可把场内的气氛弄成下一位出演者难以表演的状态。

用图表来表示的话，理想的寄席演出线应该是这样的：从

① 追出：日语为“追い出し”，指送客时间段的表演者。

前座表演开始缓缓上升，中间或许有升有降，但基本趋势是上升，到中入休息时达到顶点，之后直到最后一个演出都一直保持水平。

现在，东京的寄席基本还是延续这种风气，但在上方大家都顾着表现自己，懂得为前后出演者着想的人越来越少。“各人自扫门前雪，莫管别人瓦上霜”这种风气越来越重。倒也不是带有恶意，只是大家都自身难保，也就没有心思去管别人了。

可是寄席所带来的愉悦气氛就是从这份从容中诞生的。不止寄席，所有的行业以及日常生活，倘若缺少了这份从容就会变得很乏味。

实际上，落语本身所特有的幽默、诙谐等特点都源自从容的心态。

寄席经营的内幕

上方不愧为旧时的商业中心，不管是寄席的经营方法还是经营内容都要比东京先行一步。

首先，寄席的装潢开始变得豪华（相对于当时来说）。明治末期，大阪最高级的寄席高座上设有壁龛和多宝格，装饰有插花，还摆放上出场演员提示架（道具，用来挂写有演员名字的纸张）。向观众介绍表演者名字的做法也始于上方。明治时期，东京的寄席尚没有这种道具，所以除非是特别熟悉的落语家，否则观众都无法一一叫出名字。

落语家出场时搭配下座的伴奏，就是之前提过的“出囃子”，这一做法也是从上方传到关东的。因为要在落语表演中插入伴奏，所以囃子场里摆放的乐器及其他道具也是上方落语寄席比较齐全，种类繁多到甚至堪比歌舞伎表演的囃子场。

在寄席中有很多称为“茶子”的女性，她们的工作主要是为进场的观众安排坐垫及斟茶递水。在东京的寄席，她们还得兼顾前座负责的舞台打杂工作。

到明治大正时代为止，落语家的服装也是上方的更为考究，其价格也十分昂贵。

东京的艺人不屑地认为“客人看的又不是你的衣服，衣服再贵表演不好有什么用！”，上方的艺人则不以为然，“人靠衣装马靠鞍，把自己打扮得好看点有何不对？”两种演艺风格的差异显而易见。

寄席的收入来源于客人的门票，但是收入分配则有两种方法：“分兴行”和“工资制”。

“工资制”指无论有没有客人，艺人当天的工资都是固定的，所以无论演出当天是门庭若市还是门可罗雀，艺人工资都不会有所改变。

“分兴行”指的是将所得收入按比例分配，如合同规定四六分，那就寄席四成，出演者六成。

假设一张门票一千日元，不考虑税收情况来简单计算的话，那么就是四百日元为寄席所得，六百日元为艺人们所得。假如当天有三百位客人的话，那寄席的收入就是十二万日元，艺人们则是十八万日元。

寄席所得的收入用于场地的保养、员工的工资、宣传、印刷、水电、交通以及其他所有杂项的支出。

艺人方的收入包括了所有出场演员及伴奏者、演员方的事务员等众多人员的工资。其中服装、乐器、小道具、交通费等都是由各表演者自理。不管是按工资制还是按照比例分配，级别不同的艺人所得到的酬劳都会有很大差别。按比例分的情况下，收入会根据出演者各自的级别和受欢迎程度来定比例，比如：五日元、八日元、十三日元这样分得很细。

假设某人是八日元这个级别的，如果当天有三百名观众，那么所得收入则为两千四百日元。碰上星期天等人多的日子，如有七百名观众，那就可以得到五千六百日元。

无论是按哪种分配方法，艺人在寄席的收入都是有限的。寄席对艺人来说主要是一个磨炼本领的地方以及展示自己技艺的窗口。

对于寄席经营者来说，连日满座当然是好，但是这种情况很少出现。所以经营者不得不以其他方式来增加收入，例如在寄席内开小卖部、收取节目广告费等。总之，经营者自己如果不热爱这门艺术，那么是很难做好这个生意的。

寄席若是个人经营，那么这个经营者就叫做“席亭”，但现在一般都是由公司组织经营。个人经营变为由公司斥巨资经营，将表演者变为公司旗下的专属艺人等经营手段也都是关西地区先有的。

现在东京的寄席还保留着分兴行的分配方法，但上方从明治末期开始就以工资制为主，现在上方的定席全都采用这种方法。

东京落语一直都很重视江户以来的传统和情调，现在虽有所减弱，但仍保留着其独特的氛围。

上方采取资本家的现代经营方式，这会使落语向好的方向发展还是向坏的方向发展先暂不予评论。总之，随着时代的变化落语也一直在变化。上方落语曾有一段时期极度衰落，或许也跟无法适应经营方式的变化有关。

正如按比例分配和工资制各有千秋一样，这种寄席的经营法亦有好有坏。在落语逐渐步入古典艺能范畴的今天，我们不能被动地放任自流，需要停下脚步好好思考一下落语的未来。

落语熬过了明治维新的大变革时期，在日本战败这个更大的变化中也挺过来了。但在即将步入二十一世纪的今天，落语家正面临着一个很重大的课题：如何才能更好地向观众们展示技能？

所谓够格的落语家

在寄席中，当天落语家要表演什么内容一般是不确定的。

当然也有例外，如有怪谈噺[①]和戏剧噺等特别演出时，或者有电台电视转播的时候，就会事前确定好表演内容。一般是没有内容限制的，落语家讲什么都可以。但是演出时绝不可以与前一个表演者讲的内容相同。为了避免这种情况出现，后台会放有一本叫做“题材帐”或“乐屋帐”的本子[②]，上面记录了表演当天从第一个演出者开始所有人的表演题目。

“ネタ(NE TA)”一词是由“タネ(TA NE)”(种子)颠倒过来的，指的是落语的题目或者落语本身。“这个‘ネタ(NE TA)’(题材)不适合今天的客人啊”，“那个人的‘ネタ(NE TA)’(落语段子)总是很短，是跟谁学的?”诸如此类。当然，这

① 怪谈噺：夏天的寄席表演怪谈落语时经常使用灯光效果，并让前座艺人扮作幽灵出现在观众席发出怪叫以烘托气氛。

② “素材帐”“乐屋帐”：日语分别为“ネタ帳”“楽屋帳”，“楽屋”是后台的意思。

个词在寿司店也会用到。新闻记者也会使用这个词，比如“你这个‘ネタ(NE TA)’是从哪里得到的?”。这两种情况下的“ネタ(NE TA)”分别是“材料”和“消息”的意思。

话说将要出场的落语家到后台以后，前座就会摊开题材本，上面按顺序记录着从前座开始已经表演过的那些段子及表演者的名字。如果上面记有《道灌》《花色木锦》《桃太郎》《亲子酒》这四个题目的话，那么接下来的人显然就不能再表演同样的内容了，甚至是与此类似的内容也要避免。

《道灌》讲的是老八[①]向一位老者请教很多奇怪的问题的故事，所以接下来的表演者便不能再讲类似题材的段子，如《浮世根问》《狂歌大家》。《花色木棉》是关于小偷的故事，所以同样是讲小偷的故事的《落穴强盗》《入屋贼》[②]就要避免。前面有人讲过《桃太郎》的话，后面就不能再讲儿童题材的段子。《亲子酒》一出，那么所有与酒相关的段子都不能再讲。不仅如此，因为《亲子酒》不仅涉及“酒”，还涉及“亲子”，那么再讲《亲子茶屋》什么的也不太好。前面各种题材都有了，但还没有人讲过有关旅途的段子，那接下来出场的人不妨就来个《三人旅》。

总之，越是后面出场的人可选择的范围就越小，所以最后

---

① 老八：古典落语中的人物，本名八五郎，“老八(はっつぁん)”是昵称。

② 《落穴强盗》：『穴泥』。《入屋贼》：『しめ込み』。

出场的人必须是能讲很多段子的人，并且讲的题材也必须很丰富，类型也必须多样。

此外，时间也是个问题。较关西地区来说，东京落语寄席表演的段子数量多，因而每个表演可用的时间就较短。快的话一个小时大约可以讲五个段子，平均每人只有十二分钟。但如果其中有人因为表演内容的原因或者是观众的原因延长了表演时间，花了十五六分钟的话，那么下一个表演者的时间就更短了，讲个八分钟左右就得退场。另外，假如下一个表演者迟到，一直不出现的话，那么就必须讲长一点，坚持到下一个表演者出现。这便是考验一个落语家的时候，时间短到只有八分钟也能充分展示自己的实力，在短时间里制造高潮，赢得观众的称赞。时间长达二十五分钟也能让客人从头到尾津津有味地听完。能做到这样，就算是个够格的落语家了。

如果一开始便知道要讲二十五分钟还好，但是很多情况下并不知道下一个出场者什么时候来。在他来之前要想方设法地讲下去，但是看到他来了又得快点结束。因为时间拖得太长的话在里面等候的表演者会很为难，而且在台上的时间太长对于最后出场的真打来说也是很失礼的事。总之要把握好表演时间真的很难。这时尽量选择一些无论在哪个地方结束都影响不大的段子来讲会比较好。

二十分钟的故事十五分钟就讲完，也不会让观众感觉到唐突或者不尽兴；二十分钟的故事讲上二十五分钟也不会让观众觉得拖沓无味。能做到这样，就算是一个出色的真打了。

不过，就像刚才提到的那样，一般的寄席最长也只不过就是二十分钟一个表演，观众常感意犹未尽。于是出现了各种各样的落语会，什么落语会馆、某某落语会、某某独演会等等。这些会馆从昭和三十年左右开始就深受人们的欢迎。

一时的风潮过去之后，此类落语会的数量和内容都稳定了下来。如果没有这些落语会，观众就无法完整地听到真正的落语。当然，这些落语会与前述寄席的氛围肯定是不一样的，但它们就像是车的两个轮子，两者对于落语的发展来说都是不可或缺的。

遗憾的是，保留着过去的传统和轻松愉快氛围的寄席数量越来越少。

实际上，如今在东京的繁华地带建一间独立的占地几百坪的寄席是非常奢侈的事。比较合理的做法是在这几百坪上建一座大厦，里面设一间寄席。如果不这样的话，将很难维系寄席的经营。毕竟现在寄席经营本身已没有很大利润了。

另外，即使新建了寄席，为了维持经营也必须考虑收支和运转费用的问题。所以无论该寄席经营者有多么热爱落语艺术也不可能只顾追求传统、氛围之类的，落语寄席慢慢发生变化也是理所当然的事了。

明治、大正、昭和时代，上方的寄席在经营方面总比东京先行一步。现如今关西的情况也可以说预示了东京寄席未来的发展状况，只不过这次的情况并不令人乐见。

例如寄席的大型化。又如只考虑如何吸引观众，而不考虑如何提高表演质量、如何丰富表演内容。只要客人喜欢，就算一直以来认定不能演的内容也开始搬上舞台。这样一来，就变成只要是卖座的艺人不管内部情况如何都花重金包装宣传，相反那些不卖座的艺人以及不起眼的新人就会成为弃子，完全没有闲情花时间去等待艺人的成长和栽培新人。总而言之，就是变成了彻头彻尾的商业活动。

如果这样就能维持落语寄席经营的话也就罢了。但事实上以落语为主的寄席慢慢变成了色物寄席、混合演艺场、大型演艺场……这样一来，寄席已不能称为寄席。等回过神时才发现落语已经失去了立身的根本。

高座的高度和麦克风

钢筋水泥的建筑物兴起之时，从前的旧式木造住房（除了一些豪宅）看起来就显得十分寒碜。

但是今时不同往日，现在木造建筑的造价比钢筋水泥要高得多。建一栋木造的好房子是一件很奢侈的事。我想日本人应该都重新认识到了木造房屋的优点。

木、壁土、榻榻米这些都是有生命的物体，湿气大时就会把它吸收进去，干燥时又会释放出来。白天吸收热量，夜晚冷下来时再释放出去。

钢筋水泥造的房子可是不会呼吸的。夏天热冬天冷，不靠空调设备根本无法生活。

在持久性和强度等方面钢筋建筑应该比木造房屋好吧，我曾经也是这样以为的。但事实上就算是在这方面也是木造的好得多。铁筋的寿命最多不过六十年左右，而木造房屋如果在动工前设计好排水系统，且不考虑火灾和台风影响，那么木造房屋的寿命可长达千年。

比起硬邦邦、冷冰冰的钢筋水泥建筑，我认为还是温暖的木造房屋比较适合日本的气候和风土人情。工作场所暂且不论，日常生活的地方如果不是木造房屋，想必日本人都会觉得难以忍受吧。

我觉得寄席的味道、落语的味道就是这木造房屋的味道和感觉。

倘若任由其随着时代潮流发展，保有原有味道和氛围的寄席将不复存在。如果能好好留住传统的真正的落语寄席，我想它将成为未来时代里呈现精彩的场所。

只有在那里，传统的寄席艺术才能得以保留。也只有在那里，客人才能毫无拘束地在艺术的世界里徜徉。只有在那里，观众才能感到内心的安宁和富足。

国立剧场那样的也很好，国家能不能下点决心为我们建上一座独立的寄席啊。但是，表演家们也不能因此懒惰散漫，不然等哪一天国家真的出钱建好了一间像样的寄席，这回却轮到里面的艺人拿不出像样的表演了。

注一

我在写这本书的时候，完全没想过这个梦想会实现。

之后国家在东京国立剧场旁边建了一个国立演艺场。

不过，这并不是仅以落语为中心的寄席，还有漫谈、浪曲、民谣、吟诗、俗曲、琵琶等各种表演。所以不能说是纯粹的国立寄席，是进行略有变化的寄席表演的地方。

我们要珍惜落语寄席的存在。即使又窄又简陋，只要能勉强维持收支我都希望它能够支撑下去。所以艺人们不能无所事事，疏于练习。有寄席才有落语艺术，寄席是养育艺人的娘胎。艺人在这里成长，练就了一定的本领后再去接受各种磨炼，最终才有机会在现代大型演艺场里表演。单靠大型演艺场是不可能培育出落语家的。其中的理由我想读者们看了前面内容都会明白。

在最多容纳四五百人的寄席中，表演者想要紧紧抓住观众的心，把观众带入故事的世界，那么表演者的表情、动作、甚至小小的呼吸都能起到很好的表现效果。这也正是让观众们感受到说话艺术真正趣味的时刻。

落语是一个非常灵活的表演艺术。在条件比较恶劣的小地方又或是可容纳两千多名观众的大场馆都可以表演。只是在特殊的地方就要采取特殊的方法而已。

落语寄席的大小以表演者不使用麦克风观众也能清楚听

见为宜。虽然有的场地回音效果好些，有的场地差些，但一般认为五百人是最大限度。高座上方是天花板还是通风口，这两者差别也很大。在条件好的寄席，如果艺人不能让全场五百名观众都听到自己的声音，那就证明这个艺人声音练习没过关。不过单靠练习也不行，还要讲究一定的方法。根据现场状况，有时超过五百人都可以不用麦克风进行演出。歌舞伎和新剧[①]的表演即便是在大剧场，一般也不使用麦克风。

作为说话艺术的表演者，落语家在五百人左右的寄席说麦克风这样那样的，本来就显得有点奇怪。但是落语家说话和戏剧表演者提高声调说台词原本就是性质不同的东西，落语表演需用平时说话的腔调来讲，不需要像戏剧那样正对观众字正腔圆地说（关于这一点，后文再做讲述）。落语表演中，一些即兴的台词或呼吸的节奏，又或者是嘴里嘟囔的话，不使用麦克风声音能传播的范围毕竟有限。

也许有人会说："这样的话，那就用呗"。实际上也是如此，很多寄席都在使用麦克风，尽管不用更好。

透过麦克风，"人的声"就变成了"物的音"。

当下麦克风的使用有点泛滥。在演讲和讲习会这些不足

---

① 新剧：相对于旧剧（能，狂言，歌舞伎等传统剧种）的称呼，明治末期兴起的剧种，吸收了西方现代戏剧手法，并以现实主义为主来反映现代生活。

一百听众的小场所也使用麦克风。有些会场看上去设备简陋，什么东西都没准备好，却意外地配有麦克风。

此外，麦克风的音量多数的时候都调得过高。过高的音量对于听众来说无论是生理上还是心理上都是个负担。

不仅是落语和讲谈，其他如演讲、大学课堂，有时用较低的音量说话反而能让听者更加集中精神，因为不认真听就听不到。

甚至有人为了吸引听众而故意放低音量。这样一来，场内就比较安静，大家怕影响到其他听众会尽量控制咳嗽声、不弄出响声，尽管这些原本就是观看表演的基本礼仪要求。使用麦克风的话是不会有这种安静氛围的。硬是把音量提高，声音直逼人耳膜，就连不想听的人也不得不听，这样一来就失去了说话艺术的韵味。

场内就算有孩子哭闹，反正麦克风的音量大得可以盖过哭闹声，所以也不怕听不见，因此总是有些嘈杂。如果这时把麦克风一下子调低，会意外地发现观众席变安静了很多。

另外，麦克风摆放位置也是个问题。如果在前面的左右各摆一个，可能对于靠后的观众来说音量刚刚好，但对于前面的观众来说就过于刺耳了。

音乐歌曲表演的情况另当别论，在此例举一些说话时使用麦克风的注意要点。

一、可以的话不用最好。

二、用的时候将音量调到别人以为你在用又好像没在用的程度最好。

三、一旦调好音量就尽量不要再动麦克风。不要说话声音一大就急忙地将音量调低，到要小声说的部分又连忙把音量调高，这种做法会破坏落语表演的效果。

四、不要使用方向性过强的麦克风。有一种麦克风（可能是用于唱歌表演的）只接收正对面的声音，旁边的声音接收不到。落语家在表演时脸会经常左右动来动去，用这种方向性强麦克风就麻烦了。

五、在决定麦克风位置的时候，要试着站在观众席中的不同位置进行调试。

六、空调设备杂音较大的会场需要把麦克风的音量调高一些。

以上这些都是在使用麦克风时需要注意的。

作为一个一年到头都跟麦克风打交道的人，好像尽在说麦克风的坏话。并非如此，我只是希望大家能更好地使用这个便利的工具罢了。

如今，麦克风的音量调得再高也完全没有抵触的人越来越多。我感觉日本人不仅听觉功能退化了，就连一直以来特有的细腻神经也逐渐丧失。可正是这份细腻和不愿给别人添麻烦的体贴才造就了落语这门艺术。

另外，我再谈一谈高座的合理高度。

有梯度的寄席另当别论，如果观众席是水平的情况下，表演者坐的位置必须比观众席高。不然，后面观众的视线会被前面观众的头挡住，往往就只能看见落语家脖子以上的部分。

如今的舞台在设计时只考虑站着表演的情况，所以对于要坐着表演的落语来说，从观众席上看舞台就像凹进去了一样。

后面的人最起码要能看得见表演者的膝盖，只能看到胸部以上是无法传达落语表演的内容的。

因为落语并不只是听的艺术，还是需要靠全身肢体表演的艺术。

业余落语爱好者对这些问题不会太留意，但我一直以来都非常重视高座的高度和麦克风的音量。

因为哪怕是细微之处，我也希望能为观众创造更好的听和看的条件。

与观众窝心地交流

不可否认，电影是门伟大的艺术，只是通过幻灯片和放映机这些电器设备就能放映。虽然电影的制作阶段需要聚集很多人的智慧和本领，但在观众面前放映时出现的只是屏幕上的画像和机械发出的声音。放映的内容也不可能根据当日观众的具体情况做出改变。假设影院内发生毒气泄漏事故，观众和工作人员都慌张出逃，电影也不会因此停下来。就算全场的人都死了周围一片寂静时，唯有电影还在若无其事地播放。

寄席表演则是活生生的有生命的表演者面对众多观众，看着这些观众的反应来说话和表演的。比如表演当天罕见地下了场大雪，表演者会说："各位，据说三十年没下过这么大的雪了哦。在我还是孩子的时候……"之类让人听起来感到非常亲切的话。或者现买现卖新闻报道："刚刚在后台看新闻，说是台风已改变路线吹到东面的海上去了。所以还请各位安心欣赏今晚的表演……"等。当场内发生突发事件时，表演者则会边表演边想合适的应对措施。

有时表演者还会谈及社会问题或政治问题，引起观众的共鸣，获得赞赏。但是，一味咬牙切齿、悲愤慷慨可不行，结尾时务必为话题裹上搞笑的外衣，这才称得上是落语艺人。

大概是昭和四十年的事吧，当时正逢过年，地点是神户的国际会馆。可容纳两千余人的观众席全都坐满了人。我正在台上表演，突然就发生地震了。偌大的会馆，不，应该说是整栋大厦开始剧烈晃动。我当时也吓坏了，瞥了一下天花板，看见上面吊着的东西和建筑的框架都在摇晃。

观众席上有人尖叫着站起来，后方的人准备向门的方向跑。我连忙说："请大家坐下，这么混乱会造成伤亡事故的，请保持冷静，请保持冷静……"，还没等我说完就没有震感了。于是我又接着说："已经没事了，暂时没有摇晃了。地震停了却有人因为混乱而死，那也死得太冤了吧。第一，这个会馆的天花板会塌下来的话那么电梯肯定也不能用了，去挤那么窄的楼梯只会被人踩踏而死。如果再震的话，大家躲在椅子下面吧，这可比往外逃要安全多了。"说到这里观众席慢慢平静下来，甚至还有人笑了。"你们倒是能逃走，我可是责任在身不能逃跑的。表演时间结束前我都得在这儿坐着呢。大家就陪一下我吧。从你们那里可能看不见啊，我这头顶上可是吊着一堆重家伙呢!”我指着上方天花板说。此时观众们爆笑,场内响起热烈的掌声。这掌声应该是对我临危不乱、从容应对的赞赏吧。所幸,后来没有再震了。我还记得那晚讲了两个关于地震的段子。

我并不是王婆卖瓜自卖自夸。后来,我在做电台节目时还收到来自一位听众的来信,这位听众经历了地震那天的事,信上写着他关于当时情形的回忆。也曾在某地遇到一个陌生人跟我搭话说“那天我也在现场哟”。

我想说的是,我们落语家和观众之间的关系并不只是演艺的买卖关系。虽然仅仅是擦肩而过的缘分,但其实彼此之间是有内心交流的。

正如之前多次说过的那样，寄席中高座和观众席之间是有会心交流的。虽然戏剧也是真人对真人的表演，但毕竟舞台上的演员已变身为戏剧中的角色，因此无形间就有一个框的制约。无法否认，总有一种框外的观众看着框里的故事的感觉。

落语中也有像古典落语这种完全按照既定故事内容进行表演的。这种落语虽然感觉上与戏剧表演比较相似，但依然能感受到表演者与观众之间的互动交流，我想大概是寄席场地并不太大的缘故吧。

熟客们常常会要求落语家讲自己想听的段子。

表演者出场行礼还没来得及抬起头，下面的观众就开始喊："三十石！""野晒！""讲《稽古屋》吧！"[①]表演者也会尽可能地满足这些要求。

不管怎么说，观众坐得近在眼前不可能视而不见。于是看到客人手里拿着东西时会说："哎哟，手里拿的是大福饼吧。带回家给孩子的礼物吗？这家伙又大又便宜还真是好啊。"如此这般，表演者常常会说些逗观众笑的话。

遇上附近神社或寺院的庙会日，观众席也会洋溢着节日的气氛。一年之中，过各种节日时都有节日的气氛，夏天有夏天

---

① 以上三个均为落语表演的题目。

的气氛，冬天有冬天的气氛，落语表演者必须根据当时观众席的氛围来表演适合的内容。从前，同样的内容在繁华的山手线地区讲与在平民居住的街区讲，观众们的反应也大相径庭。

如今不管是东京还是大阪，落语寄席的观众并非都是住在周边的居民（由于居住情况的原因），所以现在的寄席气氛跟从前相比有了很大不同。

近年来，在东京有种称作"地域寄席"的小型寄席出现，各地以町[①]为单位定期组织演出，颇受欢迎。因为表演者比较少，时间较宽裕，所以可以讲个痛快。虽说负责人可能会比较辛苦，但我觉得这是一件值得提倡的事。在这样的寄席上可以看到旧时寄席的风貌。

其实上方一直以来也不时有这样的地域寄席出现，可是因为比较难以维持，所以常是昙花一现。

在传统寄席越来越少的今天，地域寄席不失为一良策。在这里可以展现很好氛围的落语表演。如今落语家应回到原点，有杂草般的韧性，无论在什么条件下都能锤炼技艺，无论如何都不能让代代相传的落语艺术的精彩趣味消失，不能让寄席这个带给人快乐的舞台消失。这其实是说给我们落语表演者自

---

① 町：日本地方自治团体单位，介于市与村之间。

己听的。

不知不觉说到了这么悲观的话题，可是时代在变，寄席和艺人也在变，这是无可奈何的事。就连现在我写的这些解说也会很快变成过去式，“是这样的”的下一刻就会变成“曾经是这样的”。

现在，落语这门艺术以及寄席都处在重大的转变期。

第四章　落语史上的代表人物

从江户到东京

逐一介绍落语的历史怕是比较枯燥无味并令人生厌，在此我就介绍一下落语历史上必须提及的这些人物吧。

立川焉马(乌亭焉马)和**三笑亭可乐**

说到江户中期的落语，之前也有所提及，焉马和初代可乐都是当时相当有分量的人物。

立川焉马(1743—1822)是当时的名角，跟市川团十郎私交甚笃，还打趣地自号“谈洲楼”。因为读音跟“团十郎”相近，再加上他本身是个搞语言表演的，所以用了“谈”这个字。他就是这样一位风雅之士，并且在著书方面也才华横溢，给后世留下了很多著作。此外，他培养了很多门生，因此被称为“落语中兴之祖”。

之所以这样称呼焉马，是因为他重振了自元禄开始约百年间无论是运道还是内容都日趋衰落的落语，并使之繁盛起来。

但是从迄今为止的悠长历史来看，与其说他是“中兴之祖”，倒不如说他是为当今落语奠定了基础的早期功勋者更合适一些吧。立川谈志——这是立川焉马宗系的名字。不过，这一门未能连绵不绝地传递下来……

初代焉马擅长狂歌和戏文[1]，在戏剧方面也造诣颇深，且精通语言表演艺术，交游甚广，是一位非常了不起的人物。但是，第二代、第三代焉马都只潜心于狂歌及戏作文学创作（请单纯地理解为当时的小说家之类的吧），没有涉足落语，因此这个名字作为落语家也就就此绝代了。但是人才济济的后辈里面，有**立川金马**、**立川白马**、**立川谈笑**等人，他们每一位又都有自己的弟子门生。

立川焉马　引自《戏作者考补遗》

当时，像**樱川慈悲成**、**紫檀楼古木**等人虽不是焉马的门生，但他们既是狂歌师，同时也创作有高雅的、脍炙人口的落语段

① 戏文：以滑稽为目的而作的文章。

子并流传至今。另外，有位叫**石井宗叔**的人物（可乐的门生），这个人的本职是医生，但是也自编自演落语段子，成为一派之祖。那时的落语多是在小笑话的基础上略微扩充之后的短故事，但这个人却表演长故事，也就是类似现代落语那样由很长很复杂的情节构成的故事，因此他被称为这类落语的鼻祖。

同一时期，上方有一位叫**芝屋芝叟**（也叫司马芝只）的净琉璃、歌舞伎创作者，他也自导自演这种长故事，并深受欢迎，其作品不断被搬上舞台。

并非说谁模仿了谁，而是相隔甚远的江户和上方地区几乎在同一时期开始表演这种艺术，这事情本身就十分有趣。

接下来是**三笑亭可乐**（1776—1833），他所生活的时代比焉马要稍微晚一些，也正因为如此，他的落语更加接近现在的落语。

如果说立川焉马代表了文人趣味的落语，那三笑亭可乐则把这种落语作为一种更加通俗有趣的东西推广到普通民众当中，并为落语繁盛至今奠定了基础。他不仅机智过人表演三题落语、解谜等，还很有文学才能，创作了许多小笑话，此外他交际甚广，培养了众多门生。

尤其是他的十位高徒，人称“可乐十哲”。他们分别是**朝寝坊梦乐**、**林屋正藏**（初代）、**山游亭猿生**（开始名为猿松，后改为

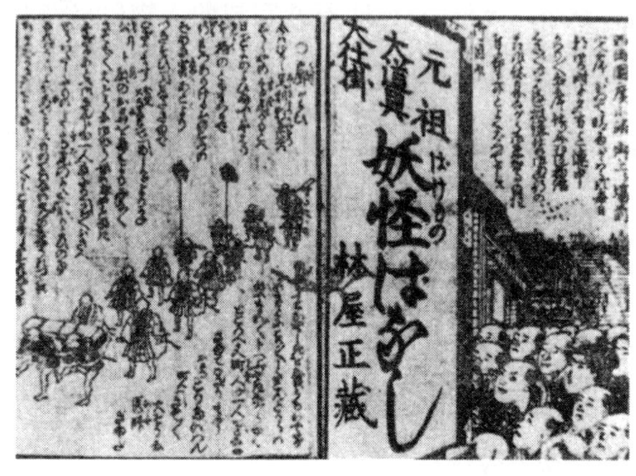

林屋正藏

三游亭圆生）、**三笑亭可上**、**都屋都乐**[①]、**翁家样马**[②]、**猩猩亭左乐**、**佐川东幸**、**石井宗叔**、**船游亭扇桥**。

除此之外，还有数十位门生，并且第二代可乐和第三代可乐也都取得了卓越的成就。众人协力将初代可乐的艺术发扬光大，他们对明治时期的落语全盛时代起到了极大的影响。

三游亭圆生——戏剧噺的大师

从幕府末期到明治初期这段时间里江户的落语家众多，除了前文列举的之外还有很多能人大师，像丽丽亭柳桥、春风亭

---

① 都屋都乐：即三笑亭都乐，剪影画的始祖。

② 翁家样马：“翁家さん馬”，亦写作“翁屋さん馬”。

柳枝、古今亭志生、金原亭马生、春锦亭柳樱、司马龙生、雷门助六等等，真可谓群雄割据。不过在诸雄之中必须要说一说的是初代圆生。

初代圆生（1768—1838）是三笑亭可乐的门生，也是“三游派”的鼻祖。关于他的表演风格如何、说话方式如何并不十分清楚，但他无论是姿态还是腔调都透露着戏剧的感觉，因此被人们称为戏剧噺的大师。

并且，其门下也培养了许多优秀的弟子。“三游”这个名字就是从他开始的。现在很多自称三游亭的落语家们其实都是这一派系的后继者。

初代圆生为后世留下了叫《东都话者师弟系图》的珍贵文献。

他门下有**圆橘**、**圆马**、**圆藏**（第二代圆生）、**圆太**（初代志生）、初代**马生**等人，这些人都是后来大放异彩的人物。三游派实现飞跃式发展，应该是从第二代圆生门下出现了一位叫圆朝的人物开始的吧。

三游亭圆朝——十七岁的真打

从幕末至今，从各种意义上来说，绝无一人能像他那样给落语界带来如此大的影响。我认为今后也很难出现。

三游亭圆朝是第二代圆生的门生，原名叫出渊次郎吉（1839—1900），在明治维新前即德川时代就已经是颇具人气的真打了。

圆朝在讲落语方面自然是位名家，但说他是戏剧噺、怪谈噺——人情噺的代表性人物会更加合适。

三游亭圆朝　引自《粹兴奇人传》

关于人情噺之前已经介绍过了。这里引用一段可以了解当时寄席情况的精彩文章。

关根默庵的《讲谈落语今昔谭》（大正十三年刊）中有如下一段描述：

圆生的弟子中有圆太和圆藏俩人，这俩人都是第二代圆生的候选人。当确定由圆藏继承第二代圆生名号之后，圆太觉得自己留下也没什么意思，于是离开了师傅圆生，成了四处游历的流浪者。七、八年过去后，即弘化四年的秋天，他回到了江户，在四谷的忍原亭上挂起了演出招牌，这正是初代古今亭志生。（中略）

这个时代的落语已然不是以前那样的小笑话的形式了，段子的风格也有很大变化，基本都是较长较完整的落语。不仅结尾令人捧腹的滑稽段子受人欢迎，长篇的人情噺也很受欢迎，这些需要分多次讲的段子基本都是由真打来表演。志生深得人情噺的诀窍要领，因此一时间风靡了江户落语界，被称为“万人空巷的志生”。人情噺多数由良斋（乾坤坊良斋，讲释师，创作了大量的世态讲谈剧）创作。志生比较擅长表演的是类似《阿富与三郎》《小猿七之助》这种较为妖艳、情节跌宕起伏的世俗题材，特别是《九州吹归》[①]演得相当出彩。其后的落语名家圆朝认为志生表演的《九州吹归》无人可望其项背，不仅自己不表演这个段

① 《九州吹归》：原日文题目为“九州吹戻し”，讲的是江户出身的喜之助流落九州身无分文之时幸遇同是江户人的店老板收留，帮佣数年终于攒够回乡钱财，不料所乘之船却遇上暴风雨，钱财尽失不算，人还被刮回了九州的故事。

子，也禁止自己的弟子们表演……

也就是说，作为真打用自己的名字挂起演出招牌表演时，需要连续十五天（当时的常设寄席一般以十五天为一个演出时间单位）表演压轴的段子，讲那些类似讲谈的长故事。

据说圆朝在十七岁的小小年纪就成了乡里乡间的知名真打。虽说不是在大都市，但十七岁就能成为真打，也足以证明他是一位天才少年了。

戏剧噺不仅有敲打乐器的伴奏，还使用道具，再加入演员的口技模仿，舞台表演相当热闹，因而首先在妇女儿童中赚足了人气。

即使是《牡丹灯笼》《真景累渊》这类鬼怪故事，到了结尾部分也转变成戏剧的风格。表演者模仿当时名角的声音口气说台词，待信号一出，后方的帷幕立刻落下，这时带有灯光效果的布景或黑色幕布上就会现出树丛的道具。片刻前隐身到高座之后的圆朝此时身着一件颈肩绘花纹白绉绸袍，胸前挂着绯红绉绸绦，拨开树丛布景探出半个身子再次登场亮相。当然，整个过程是伴随着各种伴奏、配乐以及梆子声的。（所谓梆子声，指的是歌舞伎表演中演员亮相或者上演武打场面时伴奏者击打梆子以助声势的节拍。)接下来上演坐着暗斗[①]的场面之后，说一句“让他给逃了?”此时拍子木“啪”的一声响，表演戛然而止，观众正感遗憾之时当晚表演就结束了，只能期待翌日晚上的表演。

如此精彩，能得到雷鸣般的喝彩声也不难理解。这可是幕府末期的时候哦。

或许是受此影响吧，当时据说演艺界的红牌**燕枝**、**桂文治**等人也争相模仿，但是终究还是敌不过圆朝的人气。

此后明治维新，鼎新革故。圆朝也步入了壮年。他了不起的地方就在于此时他举重若轻地作出判断，舍弃了当时颇受观众欢迎的使用道具表演的戏剧噺。

圆朝、圆马在明治寄席的演出招牌

既然世间万象一新，那从今往后就只表演纯口头的落语吧，于是他发誓要掌握说话艺术的真谛。虽然

① 暗斗:“だんまり”，歌舞伎的出场人物在黑暗中默不出声地摸打，亦指这种场面。

此前他也创作并讲落语，但之后愈发投入其中，创作了很多名篇佳作流传于世。

此时在日本出现了一种叫速记法的东西。若林玵藏、酒井升造二人是日本速记法的先驱。当时的普通大众对于“什么是速记”“速记能有什么作用”几乎一无所知，为了在大众中推广速记法，若林、酒井打算将最走红的圆朝的落语速记下来并出版发行。明治十七年，两人遂将圆朝表演的《牡丹灯笼》用速记法记录并编成书出版。

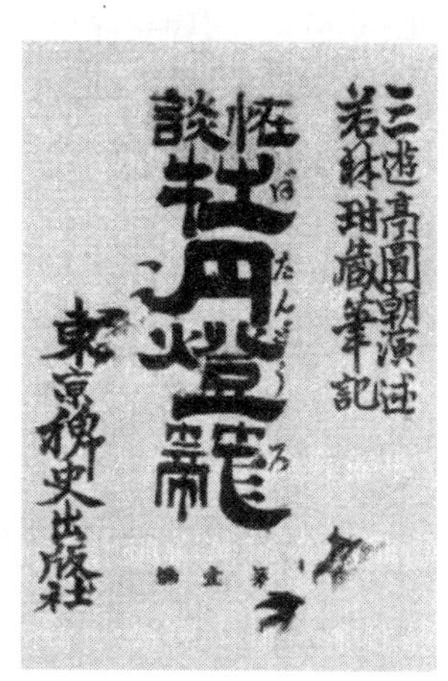

《怪谈牡丹灯笼》的封面

这本书大受欢迎，因而此后不断出现了更多的讲谈、落语的速记书籍。那个年代还没有所谓“大众小说”这种读物。老百姓的读物，基本就是江户时代的读本[1]和戏作文学[2]之类。但这些文学家写的东西相对比较难懂，速记书籍与此不同，十分易读易理解，并且内容上也丰富有趣，是非常理想的大众读物。

① 读本：江户后期小说的一种，不同于以绘画为主的草双纸，而是以阅读文字为主。受中国白话小说的影响，多取材于日本史实，具有强烈的传奇色彩，主要宣扬劝善惩恶、因果报应等思想。

② 戏作文学：江户后期的通俗娱乐小说的总称。

所以速记书籍风靡一时也是理所当然的。

讲谈本、落语集不断问世。面向大众的杂志里也必不可少地加进了落语和讲谈的速记栏目，这一情形一直持续到昭和初期。

不仅如此，速记还影响了日本近代小说。当时年轻的文学家——也就是小说家们，为创作口语体的小说颇费苦心。此前的文学作品都是用晦涩难懂的文言体创作的。有位叫二叶亭四迷[①]的作家请教了坪内逍遥[②]，坪内逍遥推荐他参考圆朝的速记本，于是我国最早的言文一致体——当时是这么叫的，即口语体小说《浮云》就诞生了。

圆朝大量的作品均被收录在《圆朝全集》十三卷（春阳堂刊）中，作为落语家能有多达十三卷的全集，圆朝之后恐怕不会再有了吧。圆朝是个落语家，但要是现在的话也可以说是当红大众小说家吧。

列举一些主要作品的话，有《牡丹灯笼》《盐原多助》《真景累渊》《安中草三》《英国孝子传》《英女王伊丽莎白传》《怪谈乳

---

① 二叶亭四迷：明治时期的小说家、翻译家，所著小说《浮云》在日本近代文学史上具有划时代的意义。

② 坪内逍遥：明治时期的小说家、评论家、剧作家、翻译家，在近代小说理论著作《小说神髓》中提倡心理写实主义，并发表实践其理论的小说《当代书生气质》。此外，他在历史剧创作、翻译领域也有很高成就。二叶亭四迷的文学创作与实践深受其影响。

房榎》《镜池操松影》《文七元结》《业平文治》等。这些作品早已被改编成戏剧，现在仍经常上演，还屡屡被拍成电影，及改编成讲谈、浪花调等。

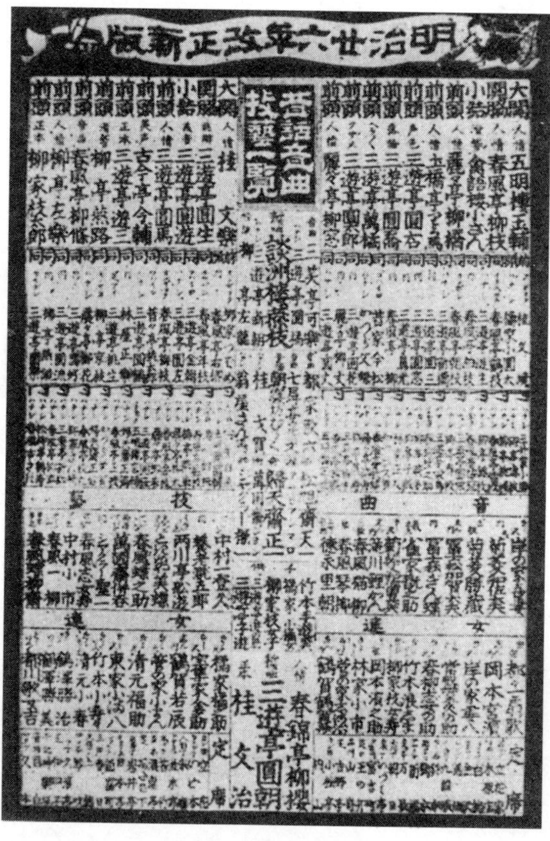
明治廿六年改正新版

落語音曲技藝一覧

技藝

音曲

談洲樓燕枝

春錦亭柳櫻

三遊亭圓朝

桂文治

落语家一览表(明治 26 年)

关于圆朝的书有很多，如果想进一步了解他的话，比较推荐永井哲夫所著的《三游亭圆朝》(青蛙房刊)。该书全面地介绍了圆朝，是一本不错的书。

介绍圆朝表演技巧精妙之处的文章也不少，这里我想从冈本绮堂的《寄席与戏剧》中节选一段，略作介绍。

……我从邻居那里借了一本《牡丹灯笼》的速记本来看。那时我才十三、四岁，但就算在看牡丹灯笼的鬼怪情节中最精彩的段落时也并不觉得那么恐怖。甚至有点想不明白为什么这个故事会那么出名。那之后大约过了半年，听说圆朝要到我家附近叫“万长亭”的寄席表演《牡丹灯笼》，我特意选了讲鬼怪故事的那晚去听。虽说都是些编出来吓人的东西，但赶上那天从白天开始秋雨就下个不停，入夜初更的时候正适合听这些鬼怪故事。

“你这是要去听鬼怪故事？”母亲吓唬地问。

“什么啊，牡丹灯笼一点都不恐怖。”

读过速记本的我相当不以为然，镇定地、甚至有些目空一切地出门了。但是我失算了。当圆朝出现在高座之上在烛台前开始讲那鬼怪故事的时候，我慢慢感到一股妖气袭来。全场的观众都屏息凝神地听。当讲到伴藏和他老婆的对话的时候,我的脖子周围感觉到一股冷意。尽管周围挤得满满的有好多人,但是总觉得自己就像正坐在故事的舞台根津附近的漆黑小破屋里一个人被迫听这些鬼怪故事一样,吓得不时左右张望。和现在不一样,那时寄席的煤油灯光线非常昏暗,高座上的蜡烛烛火也很微弱。屋外的雨声清晰入耳。这一切为讲鬼怪故事营造了最佳条件。不管怎样,我是真被这鬼怪故事吓坏了。表演散场是晚上十点左右,雨还在下,我像是要逃离那漆黑的夜路一般一路狂奔回家。

少年时代的冈本绮堂显然被深深吸引了,那之后常常去听圆朝的表演。文中还有一处提及了圆朝《牡丹灯笼》的绝妙之处,我也顺道引用一下。

……之前也曾说过,这里是很难把说话艺术的精妙之处解释清楚的。但比如大家都知道的孝助,他想刺杀主人的小妾阿国的姘头源次郎,却误伤了主人饭岛平左卫门,之后逃到准岳父相川新五兵卫家里的一段内容,前半部分是当晚表演的高潮,肯定很有意思,但后半部分在相川家的内容不过是故事情节发展需要,因此比较平淡无趣。如果读速记本的话是很容易被忽略掉的地方。但同样的内容如果是在高座席上听到的话却会感到非常有趣。听到孝助错伤主人这番话后，新五兵卫气得牙痒痒，斥骂道："为什么不边喊他的名字'源次郎……'边刺过去呢？"用文字写出来不过简简单单一句话，可这一句话中，既有新五兵卫忽闻大事件的吃惊，又包含了对孝助行事不小心的责备，还包含了对孝助的怜爱。圆朝的表演充分表现了这三个层面的情感，使新五兵卫这位年迈武士的风貌栩栩如生地展现在观众面前。那精妙绝伦的演绎，至今犹在耳畔。当然团十郎、菊五郎也演得很好，但毕竟演员是装扮成故事中人物且在有布景的舞台上表演的，而圆朝却仅仅靠一把折扇就把那个情景如此传神地表现出来，不能不说他的表演的确是极尽语言艺术之精妙。大师实在是令人生畏。

引用的篇幅可能过长了，但我认为这篇文章写得很好，不单单介绍了圆朝，还展示了语言艺术的妙处以及品味这种妙处的方法，因此虽然略长，我还是引用了。

且说，这圆朝的门下尽是才能卓越的人，徒子徒孙一起，着实给人一种百花烂漫竞相斗艳的感觉。

既有传统派又有搞笑王，有**圆马**、**圆右**、**圆乔**、**圆橘**、**小圆**

朝、**圆游**、**圆太郎**、**圆生**、**万橘**、**游三**、**圆左**、**一朝**等，他们使得明治时期的落语界相当活跃繁荣。

晚年的圆朝（镝木清方画）

这一众徒子徒孙或许是觉得在传统派表演者比比皆是的落语界，靠单纯的口头表演很难卖座，因此开始表演一些另类的曲艺。尤其是一个叫**圆游**的，他是当时很出名的搞笑王，落语表演也颇具人气，但他却以一身奇怪的及膝五分衬裤打扮跳滑稽的舞蹈，还因此大受欢迎，这个舞蹈到现在还有人跳。圆橘的弟子中有个叫万橘的，使“嗨啦嗨啦嗨嗒啦，嗨啦嗨啦嗨”这样一首奇怪的歌曲流行起来，并且自称是**“嗨啦嗨啦哥”万橘**。**橘家圆太郎**则吹着那时铁路马车用的喇叭模仿马夫的样子，后来人们干脆称那马车为“圆太郎马车”。

还有并非圆朝的门生的**立川谈志**，他设计了一种叫“郭巨掘釜”的奇异舞蹈。大概是因为当时有太多名家高手的缘故吧，所有人都想方设法地想将观众的目光吸引到自己这边来。

"嗨啦嗨啦"万橘

这些新奇古怪的表演大多荒诞无聊,娱乐性地去看的话倒是挺有趣的,但在当时的落语观众中有不少人相当厌恶这类表演,甚至有人认为这代表了落语寄席的败落。

不过,当时的东京并非只有土生土长的江户本地人,还有相当多的来自全国各地的外来人口,就连学生党也大多不是本地的。总之,通俗易懂、滑稽有趣的东西比较受人喜爱,这在当时来说也是很自然的事。与此同时,传统的正规表演依然存在,就像车的两个轮子一样,这两者都是不可或缺的。

寄席在明治时代达到全盛,这是由外部的原因和艺人资质方面的内部原因相互作用所致，也可以说是一种必然的结果吧。

柳家小样[①]

前面花了较多的笔墨来介绍“三游派”，但是其实还有被称为“柳派”的一个派系。

虽说一般认为幕府末期的名家初代**丽丽亭柳桥**是柳派的鼻祖，但事实上其门生**春风亭柳枝**名字中的“柳”字名号更响，这才称他们为柳派的吧。

明治时期柳派的代表人物是**春锦亭柳樱**和**柳亭燕枝**。燕枝后来继承了谈洲楼立川焉马的“谈洲楼”名号，自称**谈洲楼燕枝**，他于明治三十三年逝世，享年六十三岁。

此人是可与圆朝齐名的人物，但因为圆朝实在太过伟大了，相较之下燕枝就略显黯淡，这说起来也是遗憾。他在创作方面有《佐原的喜三郎》《大阪屋花鸟》《岛千鸟》等等，这些作品被改编成了戏剧，讲谈方面至今也还有人在讲这些段子。

燕枝是非常有信誉和声望的人，同宗门生的数量也毫不逊色于圆朝。从明治末期到大正年间是柳派相当活跃的辉煌时

① 柳家小样：柳家こさん。

期，可以说为此打下根基的正是燕枝。

“小样”这个名号，初代名为**春风亭小样**，第二代为**禽语楼小样**，其出处是一个叫《小样金五郎》的剧，“小样”是剧中女主角的名字。第二代之所以取名为“禽语楼小样”，就是因为这个剧风趣诙谐并且如鸟鸣声般的说话方式也很特别。

从第三代开始才叫**柳家小样**。（现在的是第五代）

此人在大正时期和**三游亭圆右**齐名，被尊为大师，据称“圆右小样二人会”的每一场都座无虚席。夏目漱石喜爱落语，尤其是喜欢这位第三代小样，在漱石的随笔和小说里也屡见他的名字。

漱石甚至借小说（《三四郎》）人物之口，写下了“无论是稍早一点出生还是稍晚一点出生，都听不到小样的落语。能和柳家小样生在同一时代实为幸事……”之类的话。

关东和关西的落语在江户时期和明治时期都有交流，但是大正时期的交流更多更广。前文中我介绍过在寄席的经营方法和出场伴奏方面的情况，但就落语段子的内容本身进行交流而言，我认为以大正时期最为频繁。

说是交流，但是其实从关东传到关西的很少，主要是关西的段子素材大量地传到关东。东京的落语介绍到上方，主要是以东京的落语表演者来到关西直接表演给观众们看这种形式为主，关西的落语家很少将这些段子变为自己的东西来表演。与此相对，关东的落语家们则大量地将关西的段子带回东京，并将其转变为自己的东西表演出来。

这当中功劳最大的人物就是这位第三代小样。他到上方修学，从一位叫**桂文吾**的名家那里学到了很多段子，并带回了东京。这些段子对于东京的观众来说都是第一次听到的非常稀奇的内容，而且上方风格中还加入了大量的包袱[①]，因此非常受欢迎。

更何况表演者是名家小样，倘若是由平庸之辈来表演的话，难得的外来之物恐怕也不会那么引人注目吧。但是第三代小样凭借自己的本事，将大量的上方落语完美地移植到江户落语的世界里，化为东京风格的东西，并介绍给观众。他的人气也因此迅速提升。

第三代柳家小样

这些段子中，比如说《骆驼》

① 包袱：日语为“ギャグ”，逗笑的台词或动作。

《二番煎》《睨返》《风邪乌冬》《猫的灾难》《二阶骚》《棋泥》《不动坊》《高砂》《青菜》等，个个都是现在仍然经常上演的段子。这之中又数《骆驼》最为出名，东京的落语家们都争相表演这个段子，因为其情节有趣且富于变化，高潮和亮点也多。改编为戏剧的《骆驼》也经常上演。

同一时期，上方地区的第二代**桂三木助**移居到了东京，虽说只是暂居了一段时间很快又回了大阪，但他在东京的那段时间里也将大量上方落语传给了东京的落语家们。

通过这两个人，上方落语大量传入东京。此外还有一人，第三代**三游亭圆马**。虽然数量不多，但他的改编都相当巧妙出色。此后，战后大约是昭和三十年前后也有若干交流。

这些略过不谈，现在（昭和五十年前后）直接受到第三代小样影响的落语家虽说变少了，但他们也仍然活跃在落语界。

第三代小样讲的落语被录存下来了，现在用唱片还可以听到。他与圆朝、燕枝、柳樱等人不同的地方在于，他的语调并不是人情落语系列中常用的那种安静和缓的语调，而是一种明快活泼的、与人情落语截然不同的、讲搞笑故事的风格。类似于与“阴”相对的“阳”。他这种表演风格到现在也仍然适用。现在的落语与第三代小三落语的速记相比几乎没有变化，表演方式也维持原样。

就算是听两面仅仅六分钟的SP盘唱片[①],都能感受到那种明快与诙谐,感受到那种流畅的节奏,这就很能理解他为何如此受欢迎了。在我看来,可以说是通过第三代柳家小样东京的落语才完成了近代化。

柳家金语楼

从大正末期到昭和初期,有一个人是绝对不能忽视的,他就是新作落语的巨匠——**柳家金语楼**。

那时,电影异军突起,浪花调、漫才、漫谈等迅速发展。还有喜剧、轻戏剧[②]、轻松歌舞短剧、少女歌剧,就连体育方面也兴起了棒球和拳击。在新兴事物的不断冲击下,落语寄席只能一路防守。

讲谈和人情噺所具有的故事趣味性敌不过大众小说的出版洪流,逗乐型的落语在新的搞笑曲艺节目面前毫无招架之力。在落语的世界里,还是以那句"嗨,还是老规矩,给大家说个老段子……"招呼来往于寄席的客人们,可除了部分名家的表演以及热爱这表演的观众,落语界整体开始停滞不前。从战

---

① SP唱片:标准唱片。

② 轻戏剧:具有轻松的娱乐性和讽刺内容的大众剧。

争气氛愈发浓厚的昭和十二、三年左右开始，更是走下坡路呈衰退的趋势了。在这个时期，柳家金语楼却异常抢眼。

有个叫《兵队》的落语，按迄今为止的标准来看，那内容算不算落语都不好说。金语楼将他自身的军旅体验用写生的风格串联起来，描绘了新兵的悲欢。在那个时代，有当兵经历的人众多，只要是男的就要接受征兵检查，即使是没有体验过军队生活的人也对军队有一定的了解。哪怕是女性，也从不同的角度对军队有自己的认识。

这时出现这样一个落语——从征兵检查开始讲起，到入伍的情景，再到初入伍后的各种经历，这样的作品不受欢迎是不可能的。

这个作品数次被印刷出版，还被收录进落语全集，但是后世如果通过文字来看这个作品的话，一定会有不少理解不了的地方。

我来简单讲一讲吧。

……因为我也和普通人一样是上了户口的，所以就得接受征兵检查。不过一直以来落语家能获得甲种合格[①]的优秀士兵少之又少，估计我也不行吧……我这么想着就去接受检查了。

---

① 甲种合格：日本旧军队征兵体检时的合格等级中的第一等。

没想到，居然让我得了甲种合格。但再一想，也有人可以凭抽签免役的啊（注：这一时期正在裁军，征兵人数也相对减少，因此在合格者较多的时候就会采取抽签的方式从中选出免服兵役的人），于是开始求神拜佛“千万千万别让我抽到啊”，神佛还真显灵了，抽签免役也没我的份。于是，某月某日，我光荣地入伍了。①

用文字写出来的话就是这样了，在那个残酷的战争时期，似乎也没什么不恰当的地方。

然而，当面对观众表演时，通过语调及停顿的处理、表情的变换等，同样的内容却会发生巨变。

知道柳家金语楼的人还是很多的吧，那么就请试着一边想象他那丰富的表情，一边读以下文字。

“……落语家能获得甲种合格的优秀士兵少之又少，估计我也不行吧……”在讲这一段的时候，他是一种窃喜又很放心的表情。

---

① “甲种合格，抽签免役”（甲種合格、くじ逃れ）代表了当时日本大多数年轻男子的真实心声，他们渴望荣誉却又不想入伍当兵。在征兵检查中获得“甲种合格”就证明他们是国家认定的“优秀帝国臣民”，是个合格的男子汉，这对当时的男性来说是莫大的荣誉。但另一方面，这也意味着被征兵的可能性大大提高了。此时如果可以“抽签免役”的话，就能既维持荣誉又不必入伍，是两全其美的事情。金语楼明知这种情况，却故意在落语中说：“求神拜佛‘千万千万别让我抽到啊’，神佛还真显灵了，抽签免役也没我的份。于是，某月某日我光荣地入伍了”，这其实是一种自嘲式的反讽，也是逗笑观众的笑点。

“……没想到，居然让我得了甲种合格……”讲到这里的时候表情突然间就变得凝重了，眉头皱起愁容满面。

等说到“……但再一想，也有人可以凭抽签免役的啊……”时，又面露微笑，流露出期待的神情。

“千万千万别让我抽到啊……”说这句的时候是一本正经祷告的表情。

“神佛还真显灵了，抽签免役也没我的份……”等说到这句的时候，整个人就面无表情地待在那里。

这个例子很好地说明了文字描述的落语和落语家表演的落语是完全不同的。而且通过以上说明，大家应该能理解为何这个段子能在当时获得满堂喝彩了吧。

凭借这一作品一举成名的金语楼开始不断创作其他的新作落语。在他数以百计的作品中也有一些拙劣之作或是换汤不换药的老段子。不过，的确有很多贴近时代贴近生活的好作品，这些作品在当时深受大家欢迎。然而随着时代的改变，一些内容变得很难理解(这也是新作落语的难处)，也就渐渐丧失了其艺术生命力。

过去，**古今亭今辅**表演的新作落语《网棚》就是战后落语的杰作。不，即使是现在也依然可以称之为杰作。可现如今有抢购大米的经历的人越来越少，粮食紧缺、购买困难的那种苦闷，好不容易买到的大米却以违反粮食管理法的理由被没收时的那种憋屈……如果没有这种经历的话，恐怕是理解不了这个新作落语的。

越是新的落语就越快过时，这是一个真理。那些经受住时间的考验留存下来的作品，被众多落语家一点一点修改完善而逐渐固定成形，我认为这样的作品将来是可以成为经典的。

以笔名有崎勉（金语楼的笔名）创作的新作落语，直到今天起码也有三十部以上的作品仍然可以表演。频繁上演的作品也不下十部。这留存下来的诸多作品对现在的落语家们来说都是宝贵的财产。

总之，通过金语楼的努力，穿西装的上班族也开始在落语段子中登场，而曾经被看做是另类分子而遭到排斥对落语毫无兴趣的那些人也因为他开始走进寄席。

凭借金语楼这一招牌，不仅寄席叫座，就连唱片和书也十分畅销。但像他这样能够吸引大批观众的表演者，演艺圈岂会轻易放过？他们将他从小小的寄席世界挖过来，然后把他推上电影、戏剧的舞台。虽然在那些舞台上他凭借自己的才能也大放异彩，可从落语寄席的角度来看实在是憾事。

柳家金语楼

我在想如此伟大的一个人，若能够适当地安排参演电影和戏剧的时间，不放弃寄席表演，战时和战后都能持之以恒地全身心投入到落语艺术中去的话，将会成为怎样的一名落语家啊。当他晚年偶有表演落语时——是比较旧的落语，还是会显露出那令人惊叹的艺术才能以及那精妙绝伦的表演技巧。在我看来，他确实是一位对“逗笑”参悟极深的人，也毫无疑问是技艺高明的人。

文乐与志生

这本书是以不论及目前(注:昭和五十年)仍活跃在落语界的表演者为前提而写的。虽然桂文乐、古今亭志生两位也是已故之人,但毕竟他们都是到最近还健在的人,音容笑貌犹在眼前,让我这个晚辈中的晚辈实在难以提笔评价,因此就将他们作为战时和战后的代表性人物稍稍介绍一下吧。

在近十年间出版的落语相关书籍中,虽然数量庞大,但要想找出没有这两位名字的书恐怕很难吧。

两位都是表演正式的古典落语且拥有几十年演出经历的老前辈,但同时他们又都能抓住年轻的观众群。

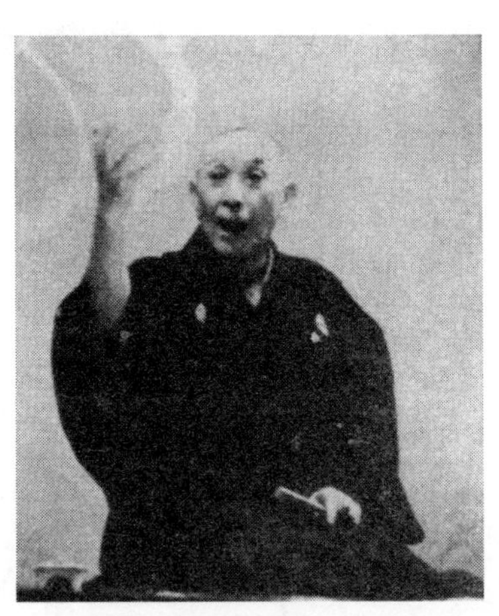

桂文乐

提到**桂文乐**,“炉火纯青稳健精准的技艺、一分一毫绝不马虎的人物刻画、传神的眼神、到位的动作、与生俱来亲切的气场、温和的性格、对艺术的谦逊……”等等,已成为世人对他公认的评价。

而说到**古今亭志生**的话,则有“自由奔放的技艺、开场时难以言喻的妙趣、超逸的气场、奇思妙想的笑料包袱、看似不拘小节却能紧紧抓住要点的表演、基于人生阅历的描写、从笑声中蓦然流露出感伤……”等评价。

古今亭志生

两者的评价极具对比性，却又都是事实。如果说一方是偏红的深紫色的话，另一方则是偏蓝的淡紫色。以这两位曲艺风格完全不同的落语家为中心，战后的东京落语界呈现出一派繁荣的景象。以学生为主力的年轻观众对于落语的妙处和有趣之处并不仅仅是重新认识，而是有了新发现。旧的观众群也回来了。落语的受众更加广泛。民间广播及电视的出现进一步起到了促进作用。

对落语感兴趣的作家和研究者们不断撰写相关书籍。落语作为与能乐、歌舞伎、文乐、邦乐[①]一样的古典艺术开始受到瞩目。

此时首先被关注的就是这两位。甚至可以说战后那些志

---

① 邦乐：日本近世发展起来的筝、三味线、尺八等音乐。

愿成为落语家的年轻人半数左右都是受了这两位的鼓舞。

我的师傅桂米团治曾说过:“像我这种笨拙的人,如果拼命努力的话,要花上多少年未可知,但或许能够成为文乐那样的大师吧。不过如果想成为志生的话,那无论多么努力也是成不了的。”

我认为这句话非常准确地概括了两者的不同之处。

直到现在,东京年轻落语家们在表演《明乌》《寝床》《爱宕山》《痫癪》[①]等作品时脑中总会浮现文乐在高座上的样子,在讲《强饭》《火焰太鼓》《延长时间》《黄金饼》[②]时又会想起志生的表演风格。

注二

不少落语家在这本书初版的时候还健在,可后来却离开了人世。

尤其是三游亭圆生和林家彦六(曾用名为正藏)这两位。他们擅长的段子数量多、题材广,逗笑落语自不必说,加上人情噺、戏剧噺等,涉及的领域着实广泛。并且两位都很高寿,因此对后辈产生了很大的影响。特别是圆生,他还著有《圆生全集十一卷》(含补遗),录音带也有很多,

① 《痫癪》:『かんしゃく』。

② 《强饭》:『こわ飯』。《延长时间》:『お直し』。

一直到离世前他的技艺也丝毫没有衰退，实在是非常伟大的人物。

昭和二十年代——第二次世界大战后的东京落语界中，桂文治（上上代）、柳亭左乐、柳家小样（先代）等的老一辈也都还健在，尤其是从三十年代开始到四十年代左右，文乐、志生、金马（先代）、圆歌（先代）、正藏、柳桥（先代）、柳好（先代）、小文治、今辅、三木助（先代）、可乐、小样等，名家大师辈出，人才荟萃百花竞放。同时，年轻的传统派落语家和人气表演者也不断涌现，落语寄席呈现出一片繁荣的景象。

任何艺术都有盛衰更迭，达到了全盛则会回落。拥有炉火纯青表演技艺的大师逐渐减少，虽然也有能人出现，但我感觉艺人的能力和影响力好像变得越来越小了。

这其中当然有电视带来的巨大影响，这是不可忽略的事实。

如果要谈电视的话又会变得很麻烦，因此就不赘言了。除了那些专门为电视制作的节目（如电视剧、智力问答节目等），电视其实无法充分传达任何一种艺术原本的韵味和妙趣，不仅限于落语。

上方诸家

接下来我想谈一下上方落语的历史。时代再次回到江户，请大家再耐着性子听我说一说。

初代桂文治

关于初代**桂文治**，在寄席变迁的部分曾提到过。他是和江户落语界大体同一时期在大阪开设了常设寄席的人。

初代文治(1773—1815)比初代三笑亭可乐早三年出生，却比他早十八年去世，年仅四十三岁就英年早逝了。不过从各种意义上来说，他都是在那个时代奠定了上方落语基础的人。

以下引用前田勇所著《上方落语的历史》(杉木书店刊)中的一段文字。

……因此，严格来说，把文治看做是戏剧噺的鼻祖是不合理的。但我们可以认为是他首先完善了戏剧噺，使之成为了说话艺术中的一种。要说是鼻祖的话，也是这个意义层面的鼻祖。（中略）把文治当做上方落语的鼻祖并不合适。要认同他鼻祖的身份，也只能限定在桂派落语家和上方寄席落语的范围内。上方落语从街头走进室内是文治之前的事，但落语在寄席的定点演出确实是从文治开始才有的。

总之，文治在上方落语中应称为"中兴之祖"，称为其他都不合适。从他的创作活动来看，文化九年他推出了《脐之宿替》[①]五卷，除此以外（中略）他实际演出的落语中，现存的除了上述戏剧噺外，在《落语系谱》中也有相关记载：大的作品包括《龙田川》《崇德院》《口合小町》等等，其中《反古染》等是世间罕有的良作。无论是前面提到的戏剧噺还是这里列举出来的各个作品，文治表演的和现在表演的是否完全相同或许是个问题，但是我们认为两者几乎没有什么差别。

对于这段引用文的最后那句"两者几乎没有什么差别"，我稍微有些不同的看法。比如，我认为文治的《崇德院》和《口合

① 《脐之宿替》:『へその宿替』。

小町》并没有现在的长度和复杂性。这些暂且不论，如前面所写，在上方落语史上被加以各种名号尊为鼻祖的桂文治事实上并不应该被称为创始人，他是把以戏剧噺为代表的落语艺术加以完善并确立为今天这种形式的功勋者，是寄席定点演出的创立者，此外还确立了一个门派及其特有的表演形态。

事实上，仅仅如此也已经是很了不起的事情了。桂派门人中也是人才辈出，后人尊他为鼻祖桂文治、初代桂文治并非是毫无来由的。

我也是桂派中的一员。今天，无论是关东还是关西，叫做“桂某某”的落语家那么多，如果要追根溯源的话，源头都是这个人。

桂文治到了第三代，由于某些原因去了江户，从此桂姓在江户的落语界登场。

上方落语在文政天保年间发展得相当繁荣，除了桂派以外，还出现了亭号为**笑福亭**、**林家**、**立川**等的落语家。幕府末期则有**笑福亭吾竹**、**林家菊枝**、**立川三玉斋**、**都喜蝶**等众多青史留名的大家。

从这个时期开始，上方落语也和江户一样，每场表演的时间增加到三十分钟以上，新作品也不断问世，现存的六成以上的上方落语都创作于天保到明治初期这段时间。

桂文枝

前面提到过，桂文治到了第三代时就迁移到江户去了。这个颇有历史渊源的名号被带去江户之后，上方地区由其他人继承了第三代文治的名号①。初代**桂文枝**（?—1874）即为此人的弟子。桂文枝卒于明治七年四月三日，但是出生的时间不详。

据说桂文枝最擅长的是《三十石》，从幕府末期开始，众多落语家都热衷表演这个段子。“三十石”是连贯淀川往返京都于大阪间的船，当时使用这种交通工具的人非常多，就相当于现在的新干线吧。

这船顺流而下时很快，逆流而上时却比步行还费时间，不过即便如此，因为躺着睡一觉的工夫就能到达目的地，所以还是很有人气的。从往来于京都伏见与大阪八轩家之间的船上的乘客的描写，到船头的描写、船旅馆的介绍、码头风景的介绍，这种写生风格的落语据说深受观众的欢迎，于是，文枝就把这些片段汇总起来并整理成为长篇的落语。

---

①　第三代桂文治迁去江户之后，第二代文治的徒孙在上方也继承了“三代桂文治”这个名号，因此落语史上出现了江户、上方同时存在两位三代文治、四代文治的现象。

明治元年，文枝把这个落语段子以金百两的价钱典当给了一个叫五龙圆的药店老板（也有说这个药店的老板叫浮田桂造）。无论客人如何要求，文枝均以“已经典当”为由拒绝表演。于是三臟圆药店的老板和越后屋纺纱店的老板这两个文枝的捧场客就出钱把它给赎了回来。之后，文枝在御灵神社内的寄席连续上演了三十天的《三十石》，场场满座而传为佳话。这件事情在当时引起了很大的轰动，无论是多好的段子，对这种看不见摸不着的东西能出金百两去买，接受典当的人很了不起，把它赎回来的人也很了不起。

桂文枝也有很多优秀的弟子，其中最为优秀的四个高徒被称为“四天王”。

他们分别是**文之助**（后来的曾吕利新左卫门）、**文都**（后来的月亭文都）、**文三**（后来的第二代文枝）和**文团治**。当文三继承为第二代文枝时四人之间发生了纠纷，文都舍弃了“桂”的亭号，改称“月亭”，创立了别的派别；文之助则决意要用更响亮的名字，自称为第二代曾吕利新左卫门；文团治也带着一众门人离开了桂派；文枝则把剩下的门人整合起来，确立了桂派。

明治二十六年，**月亭文都**和第三代**笑福亭松鹤**、**笑福亭福松**、第二代**桂文团治**（初代此时已经逝世）等商量，成立了“**浪花三友派**”。从此，**桂派**和**三友派**互相竞争，迎来了明治时期上方落语界的黄金时代。

第七代**桂文治**

桂派和三友派激烈交锋的时代，即上方落语的黄金时代是在日俄战争前，也就是明治三十六年的时候。上方落语中多数经典段子的所谓“定本”[①]基本都是在这个时期形成的。

昭和二十二年，我拜第四代**桂米团治**为师。师傅是个对技艺十分严格认真的人，他在教我段子的时候这样子对我说：“我按照我师傅（第三代米团治）教我的那样教你。我现在自己表演时是稍有改动的，虽然那也是有原因的，但是还是先按原型来教你，将来你可以按照自己的想法去改动，但现在必须好好地把原型记住……”

所以师傅便传授给我昭和二十年代日俄战争时的段子。

且说全盛时代的“三友派”当中，三世松鹤转行当了讲释师，福松逝世了，于是第二代文团治成为了统帅。此人有非常厉害的政治手腕，他把这一门派统领得很好，优秀门人辈出。此时，他抱着无论如何都要让江户末期向东迁移了的“桂文治”这个名号重新回到上方的夙愿，据说花了大量的金钱和第六代

① 定本：校订后的最终版本。

桂文治谈判约定仅限于一代,最终继承了第七代**桂文治**的名号。

明治四十一年十月,虽说是约定仅限一代,但文团治把迁去江户接近一百年的桂派鼻祖文治的名号拿了回来,成为了第七代桂文治。由于他住在上町,所以人称“上町的大师傅”。此时应该是这个被称为掌门的人人生最得意的时候吧,但实际上上方落语也就是从这个时候开始走向低迷的。

第七代桂文治

桂春团治

从明治末期到大正年间,上方落语界的台柱、中坚人物一个接一个逝世或隐退。

桂派衰落了,三友派也失去了往日的风光,在许多门派成立的同时也有许多门派消失了,随着门派的起落浮沉,渐渐地落语界整体也出现了衰落。新的娱乐方式登场,随着时势的变迁,客人们的喜好也在改变。

这时，一个前无古人后无来者的大爆笑王出现了，释放出耀眼的光芒，他就是**桂春团治**。

这个人被称为初代春团治，但是严格来说他是第二代。这是演艺界经常发生的现象，在初代没有什么名气的情况下，即使是第二代的艺人，只要能将其名号一下子传播开来为人们所熟知，这个人就会被看做是初代。

大爆笑王桂春团治

时至今日，这个初代的叫法已经是无法修正的了。

我稍微介绍一下昭和十八年出版的正冈容所著的《随笔寄席风俗》里研究春团治的文章吧。

……挠痒能使人发笑的地方有三处，第一处是在腋下，第二处在脚底，第三处在肚脐的周围。也只有春团治能发掘出人们想都想不到的让人开怀大笑的爆笑点，比如说额头、膝盖窝、肩膀喉咙的连线、拇指食指之间等。这些发现都是他废寝忘食、孜孜不倦、刻苦琢磨技艺的结果。

我觉得他是不顾一切深入发掘爆笑点的大天才。总之，他的表演并不是为了让观众笑而刻意搞笑那种卑微层次的东西。在他的表演中可以说有一株“笑”的参天大树，它沐浴在灿烂的阳光里，从树枝、叶子、花蕾、花朵、果实、树干、树根都流淌着欢笑的交响乐，这些音符飞溅、交错，最后碰撞在一起让大家开怀大笑。我从出生开始（可能到死为止）再也没遇见过比他更能让我开怀大笑的人了。或许是因为运用了过于乡土但同时也因此趣味无穷的大阪方言的缘故，东到名古屋西到冈山，此外更远的地方已无法理解春团治的与众不同，因此他几乎没有在东京表演过，如果他能够稍微被东京人所了解的话，恐怕他就会成为全日本最出色的“笑”的代言人了吧……

“来，请从这边进。”“哎呀，谢谢。”[①]像这样的简单对话已经让人觉得很好笑。可以说春团治的表演就如这篇文章所描述的那样，有一株欢笑的参天大树，欢笑的果实像让人应接不暇的欢乐的速射炮一样，从树枝里、叶子里吧啦吧啦地掉下来。他留下了很多唱片录音，所讲的落语被制成 LP 唱片[②]出了全

① 大阪方言，日文为「さあ、こっちへはいりイな」「へえ、おおきに」。

② LP 唱片：密纹唱片。

集。我推荐懂关西方言的人试着听一听。浑厚沙哑富有魅力的声音、一个接一个的新奇的笑点，而且人物表现和情感代入也非常巧妙。SP唱片的话，两张合起来只有十二分钟，节奏快而紧凑，一气呵成。

当中虽有像“大小便”“放屁”这类粗俗的词，但因为加入了淡化这种粗俗感的语言，因此听完不会让人觉得不快。

《二日醉》这个落语本要连续说三天的，但春团治把它压缩到十二分钟内说完，却也完全不觉得不自然。

虽然像在说荒唐无稽的话，但其实春团治他绝对是一个深谙真正道理的人。

昭和九年，春团治逝世，上方落语像火熄灭了一样让人感到寂寞。那时，上方的寄席被吉本兴行[①]（现在的兴业）一手控制，全新的搞笑门类“漫才”迎来了它的全盛时代。

世人评说：“春团治让衰落的上方落语发出了最后的光芒……”

五世笑福亭松鹤

上方落语家渐渐减少，寄席成为了漫才的地盘。日本整个

---

① 吉本兴行：现在的吉本兴业。是日本最大的艺人（尤其是搞笑艺人）经纪公司、电视节目制作公司，日本最古老的艺能事务所。

五世笑福亭松鹤

国家也陷入了无休止的战争当中，社会急剧变化。

第五代**松鹤**最终离开了吉本（也就是息演），和志同道合的几个人一起创立了“乐语庄”俱乐部并发行杂志，力图维持上方落语的发展。

这事说起来容易，但在那个没有民间广播的年代，他没有收入，杂志陷入赤字，国家也正在打仗，可以想见有多么难。在有识之士的支援和落语迷们的鼓励下“上方落语聆听会”[①]踏实稳健地发展，直到由于战争而实施纸张统制令[②]废刊为止，杂志《上方落语》在**米之助**（第四代米团治）、**花柳**（后来的第三代枝鹤）等的帮助下已出版到第四十九期。现在这些都是上方落语珍贵的财富。从战中到战后，如果没有第五代松鹤的这些努力，上方落语现在会变成怎样实在是难以想象。

① 上方落语聆听会：上方ばなしを聴く会。

② 纸张统制令：由于战争需要颁布的纸张统一管理的法令。

第五代松鹤擅长讲的段子多，艺术风格虽不是面面俱到却一丝不苟，是一位艺术大家。可以说现在上方落语界活跃在第一线的表演者或多或少都受到了他的影响。

昭和二十五年五世**松鹤**逝世，昭和二十六年**立花家花橘**和**桂米团治**逝世，昭和二十八年第二代**春团治**逝世。随着他们的相继离世，人们评说这次上方落语真的要消失了。

上方落语家只剩下几位早已退下第一线的老人和几个懵懵懂懂的年轻人了……而我也是其中的一个。

但我们是幸运的，公众广播的诞生让我们有了很多工作，世间也恢复了和平。“搞不好上方落语就要灭绝了”这种危机感反而让我们更加团结。而且不管怎样，起码我们还拥有前辈们留下来的财富。上百个上方落语的段子，只要我们努力就能把它们变成自己的东西。

这些年，志愿成为落语家的年轻人慢慢变多了，这在以前简直是无法想象的。上方落语终于复兴起来了，但困难还在后面。对于我来说危机感一点也没有消失。和东京对比，我感觉到我们的根底依然很浅，这十年是胜负的关键……

落语家的现状

前座→二目→真打

关于落语家的级别,东京是分为三个等级,由低到高分别是:前座、二目、真打。落语协会内部还有"干部""大干部"等头衔。但是,如果认为一入门就可成为前座的话那就错了。

入门时,学徒会先以见习的形式被分配到各个寄席。在成为一名合格的前座之前,他们需要下很大工夫。在见习阶段,学徒除了要做各类打杂事务以外,还要学习打太鼓、记录表演内容、叠演出服等。通过这个时期的学习,学徒们会慢慢地摸清这个行业的一些规则。

当学徒们掌握了一些前座的表演段子后,才可以以前座的身份开始登台演出。但是这个时候客人较少,认真听的人也少,想逗笑客人更是难上加难。

所以仅仅指望在寄席表演是不够的,他们还要到各种落语学习会寻求表演的机会,哪怕是一次也好,都要尽量多地在人前表演。

学徒成为前座后三到五年左右就可以晋升为二目。这时因为很多事都熟悉了，所以做事不再手忙脚乱，也懂得了一些赚小钱的技巧。机灵一点的人通过各种锻炼开始崭露头角渐渐出名。另外，这时也可以开始发展自己的业余特长。

二目的时期非常重要。在这段时期必须勤加练习，熟记更多的段子。因为到了三十岁之后人的记忆力会急剧衰退，因此必须在三十岁之前狠狠地读、狠狠地记。

所谓功夫不负有心人，付出了就会有回报。当二目渐渐有了人气，段子也能说得滚瓜烂熟，处事更加成熟稳重的时候就可以考虑能否升为真打了。从前，真打是一个很了不起的位置，但是昭和之后真打的身价开始有所下跌。

特别是近年来，有人呼吁应给那些老的二目们机会，将他们都升格为真打，因此真打级别的人数大为增加。这一举动的意图到不难理解，但真打的身价因此有所下跌也是不可否认的事实。毕竟落语与相扑不同，相扑的级别有升也有降，而落语只升不降。

上方地区把二目叫做中座，即分为前座、中座、真打三个级别。但是因为不像东京那样有专门的落语定席，而且每个落语演员所签约的演出公司也不同，所以跟东京不一样，不会把每位艺人的级别身份都公布出来，不过在协会内部还是有明确的等级之分的。

三大落语协会

东京现在有两个落语协会，分别是“落语协会”和“艺术协会”。关西地区则有“上方落语协会”。

落语协会的会长是柳家小样，协会的成员除了有前会长三游亭圆生和前副会长的林家正藏两位长老级人物以外，还有长老级的桂文治、橘家圆藏、金原亭马生、蝶花楼马乐、金原亭马之助、三游亭圆歌、林家三平、三游亭金马、柳家小扇①、柳家样助②、古今亭志朝③、春风亭柳朝、三游亭圆乐、立川谈志、月廼家圆镜、三游亭圆之助、古今亭志马④、古今亭圆菊、柳亭燕路、橘家文藏、三游亭圆窗、柳家小三治、入船亭扇桥、三游亭圆弥、林家今平⑤等成员。此外，还有很多现在很叫座的落语家们。

在此也列举一些艺术协会方面真打级别的成员。会长是古今亭今辅，以及自创立以来一直担任会长的春风亭柳桥。此

① 柳家小扇：柳家小せん。
② 柳家样助：柳家さん助。
③ 古今亭志朝：古今亭志ん朝。
④ 古今亭志马：古今亭志ん馬。
⑤ 林家今平：林家こん平。

外还有：三游亭圆马、三游亭圆游、桂枝太郎、柳亭痴乐、雷门助六、桂米丸、三游亭圆右、桂伸治、春风亭柳升、三游亭小圆马、桂小南、三笑亭梦乐、春风亭柳好、三笑亭笑三、三游亭右女助、春风亭小柳枝、春风亭粕枝、三游亭游三、柳亭芝乐、柳家金三、桂歌丸、三游亭小圆游、春风亭梅桥、桂圆枝、橘之圆、都家歌六、浮世亭写乐、桂文朝等，同样是人才济济。

上方落语协会虽说人数也有所增加，但远远不及东京的规模。近年来，因为长老级成员的相继去世，协会的平均年龄变得比较小。会长是第六代笑福亭松鹤。主要的成员有：桂米朝、桂春团治、桂小文枝、笑福亭松之助、露乃五郎[①]、桂文我、桂文红、月亭可朝、桂福团治、桂米紫、桂枝雀、笑福亭枝鹤、笑福亭仁鹤、桂春蝶、桂朝丸、林家小染、桂朝太郎、露乃团丸[②]、桂三枝等。另外既讲漫谈又讲落语的森乃福郎（原名是笑福亭福郎）也是成员之一。

另外还有一些不属于这三个协会的落语表演者，不过人数并不多。

上面提到的三个协会的这些成员，他们各自的门下也都聚

① 露乃五郎：露の五郎。
② 露乃团丸：露の团丸。

集着数十个年轻学徒。要想在这一大群学徒中脱颖而出绝非易事,但这其中必会有将来的大师,他们将是承担起今后落语发展重任并创造出新的落语艺术形式的一代。

注三

上面的文章写于昭和五十年,前文也提到过,其中有些人去世了,也有人后来改名了。

如上文所述,东京落语界在很长一段时间里都是落语协会和艺术协会(现为落语艺术协会)两个协会并存。但到了昭和五十年代,落语协会的三游亭圆生带领门生脱离了协会,之后不久圆生病故。后来三游亭圆乐带领门生成立了落语团体“圆乐党”,而立川谈志也独立出来创立了“立川流”。

如今,落语协会的会长是三游亭圆歌,副会长是铃铃舍马风。落语艺术协会的会长是桂歌丸,副会长是三游亭小游三。

上方落语协会后来会员人数进一步增加,现任会长是桂三枝,副会长是林家染丸和桂春之辅。

终章　言犹未尽

从和服文化到洋装文化

这些年来，关东、关西落语的变迁让我们应接不暇。落语在几百年前就广受大众喜爱，现在也被归入大众艺术的范畴之内。但在某种程度上落语又已归属于古典艺术的范畴了。

到昭和十年左右为止，落语还是典型的大众艺术。从江户迈入明治的时候，时代虽然变迁了，但落语在舞台、表演者、风土人情、货币单位等方面却没有因此有太多的变化。因为那时还是处于和服文化的时代。

随着人们由穿和服变为穿洋装，落语的内容跟社会发生了脱节。在这种情况下，开始出现新作落语和新的落语家。他们刻画新时代的风土人情，钻研新的表演形式，一路坚持总算延续到昭和年代。

现在，落语家表演时穿着带家徽或条纹的高座服、套着外褂，坐在被称为高座的舞台的垫子上，手持折扇，怀揣日式手巾。

这是以前寻常老百姓的穿着和身上必携的物品。表演的地点也是，除了稍微高一点之外没有任何特殊的布置。如果放上一个火盆，再用茶壶煮上一壶水，拿茶碗喝喝茶的话，这简直就跟普通人的家里没什么两样。

表演落语的人和坐在面前的观众穿着一样的衣服，手持折扇也是一般的礼仪，怀揣手巾也并非什么稀罕事。因而落语就是那个时代最最大众的艺术。

今天，在民谣的演唱会上，穿着花哨的衬衫和牛仔裤的歌手如果离开舞台坐到观众席中，而某个观众跑上舞台抱起吉他演唱的话，无论是服装还是发型都不会有任何异样的感觉吧。当时的落语表演与此是同样的道理。

如今，落语家身穿和服、手持折扇、怀揣手巾坐在高座上表演，这种形式本身就已被古典化了。

就算表演的内容是反映当下风俗人情的，但只要是以这种形式来表演，现在的观众仍然会有一种看古典东西的感觉。

假设落语家身穿洋装、手戴腕表、再佩上钢笔和打火机什么的站着表演，即使说的是江户时代的故事，这种表演也能算是现代的东西了吧。而且，我觉得这并非是不可能的事。

只不过客人是否会认同那是落语就不好说了。

而且即使这种新式的表演出现了，以前那种形式的落语也依然会存在吧。

或许在不久的将来，落语的历史将掀开新的篇章。

因此无法放弃落语

从落语的产生讲到它的变迁，说着说着内容似乎变得越来越难了。但事实上如我在前文中多次强调的那样，落语这门艺术本身其实并不是很难的东西。大家只要根据自己的喜好尽情享受即可。我想以我自己为例谈一谈落语到底有趣在什么地方。

当我还是少年的时候，第一次阅读文字的落语就感受到它与童话及其他少年读物完全不同的地方，笑点一个接一个，笑料丰富又多样，读着读着自然而然就笑起来。

比如，说话时为了表达尊敬需要加上“御”①“样”②之类的字眼，落语中的人物就会在说自己的名字的时候也加上“样”，

---

① 御：日语中加在名词前可以表达对对方或者拥有该物品的第三方尊敬的意思，但不是所有的词都可以加。

② 样：日语中加在人名后可以表达尊敬的意思，不能用在自己身上。

说“户”和“障子”等词语的时候也加“御”①。要求扫地之前先洒水的话，落语中的人物就会连打扫榻榻米之前也先洒水。就是这样一些愚蠢得令人发笑的内容。

再如，看到被认为是蠢货的人却灵机一动将强势聪明的人辩驳的哑口无言这类内容时的痛快……总之，都是些人人都能够理解的笑点。

后来听落语的现场表演时，我开始对那些有趣的动作和表情感兴趣。把扇子当做筷子吃生鱼片；大口吃乌冬的声音；品尝佳肴时的咂嘴声；酩酊大醉的样子；明明坐着却演出摇摇晃晃走路样子的演技；上楼梯发出的声响……用脚踏出“咚咚”的声音。还有随手把和服外褂一脱丢向休息室的动作……

这些小细节在我看来很稀罕，更不用说上方落语在表演时还有钟的声音和热闹的伴奏声，这些都很有趣。

在这个过程中，我渐渐感受到落语的妙趣不仅在于内容好笑，还在于技巧高明。

于是我开始看与落语有关的书籍，这些书里介绍了各种听落语的技巧和欣赏落语的方法。若举一例说明，当属落语里丰富的季节感的描写。

---

① “户”即大门，“障子”即贴纸的日式拉门，按照日语表达习惯这两个词是不加“御”的。

比如在落语《芝浜》中有这样的描写：

……除夕夜，做完了所有的工作并结清了工钱，从浴池泡澡归来，闻到新换上的榻榻米的清香顿感神清气爽。这时隐约听到外面“沙沙沙沙”作响，以为是下雨或下雪的声音，再一看才发现原来是街道的领头帮忙插上了门松[①]，那竹叶在风中摇曳发出了声音……

再如《船德》：

……前半部分讲到一个少爷想做船老大拼命学划船，俗话说“划桨三年，摇橹三月”[②]，要练真本事就得下苦功，等少爷练

① 门松：日本民俗中正月竖在房门口或者大门口的装饰性松或竹。

② 划桨三年，摇橹三月：日语原文为“棹は三年　櫓は三月”，意思是学划桨要三年，就算是简单的摇橹也要花三个月的时间，比喻学任何事情都要下苦功。

得差不多的时候已是炎夏。作为前后两部分的过渡只有“浅草观音,四万六千日……”[①]这寥寥一语,接下来便是手执阳伞边走边擦汗的两人的对话了。若是以前的东京人,只要听到“四万六千日”这个词,大概立刻就会联想到那酷暑时节火辣辣的阳光了吧。

又如《饼捣》:

……捣年糕店[②]的伙计站在蒸米的炉灶前,边烤火取暖边抬头望向腊月的夜空,嘴里嘟囔着“星星又远又亮……看来明天也是个大冷天啊”之类的话。

在《乌冬屋》中:

寒气逼人的夜晚,推着面摊的摊主在十字路口转弯进入大街时迎面吹来了刺骨的冷风,摊主哆嗦道“啊,好冷!”,接下来叫卖的声音也淹没在飕飕的寒风中。诸如这类场景描写,高明的落语家可以表演出那种冷得浑身发抖的感觉,这样下面出现的热腾腾的乌冬面就更显得诱人了。

当然,也有像《爱宕山》《百年目》《下个御用日》等直接描写季节感的作品,也有一些作品则轻描淡写、稍微一提。

---

① “四万六千日”是东京浅草寺的一个重要节日,在每年的七月九日和十日举行。在此期间参拜的功德等同于参拜四万六千日的功德,因而得名。

② 年糕:日语为“餅”,是糯米蒸熟后用臼反复捣出的具有黏性的食品,一般在新年或喜庆的日子捣制。捣年糕店就是收费代人捣米或者制作年糕的店。

比如在表演《不動坊》的时候，看到观众进场了，落语家会说："哎呀，您的头和肩膀上都白了啊，是下雪了吗?""是啊，刚才开始纷纷扬扬地飘起雪花了。"①

在《牛之丸药》中，故事人物一边欣赏早晨的田园风光一边说："……偶尔早起看看田圃什么的也不错嘛，而且天气也不冷……"这样的描写会让人感受到早春清晨的清新空气。

这种可以说是文学性的欣赏方式，如果是懂欣赏的观众，就像我之前说过的那样，就会被落语中不经意间表现出的人情世态的描写方法所吸引。还有，虽然从谁开始的这种表演模式已无据可考，比如在落语《鳗之帮闲》里有这样的情节：帮闲（以席间助兴为业的男子）和客人一起到郊外一间鳗鱼店，两人上到二楼时，正在写作业的小孩见状连忙慌慌张张拿起课本和笔记本跑到其他房间去了。这孩子应该是在招待客人用的房间里做作业的吧。因为那个时间段通常没有客人来，于是就在那里写作业了。通过这个描写，观众就能知道这是一间什么样的店。我认为这是一种很巧妙的表演方法。

所谓的"谁的模式"，也就是指某个表演者的表演方式。比

① 《不动坊》的故事内容参见本书第二章"洒落的作用是使故事来个大逆转"一节的相关注释。在上方落语中，道斋等人爬上利吉家的屋顶装鬼吓他这一情节设定为下雪的夜晚。

如，上一代的模式里有这样的内容，要是某某表演的话，他会在这个地方加入这样的台词等。但是，落语表演中同表演者不同，不仅呼吸停顿方式会有变化，内容也会发生很大变化。有时甚至会出现这种情况，有人认为：在这里加入这样的内容是非常好的做法，但是我能力不及实在是做不到，所以还是省略了。

也就是说，落语的妙处和趣味性会因落语家的不同而有很大区别，即使是同一个落语家也会因为时间和场所的不同而表演出不同的效果。隔了很多年之后的表演方式跟之前相比发生了巨大变化也是常有的事。所以，一个老段子或是同一个段子不管听多少遍还是会觉得有趣，那是因为在多年的重复表演中，同样的内容因表演者的人生阅历的增加而逐渐展现出其深度了。而观众也会因为人生阅历的增加体会到一些以前未曾体会到的东西。经不起这种考验的落语就没有资格冠以古典落语之名。落语家也是一样。

关于落语的妙趣，有些年轻人的领悟力着实让我震惊，而某些人明明是专业的落语家，不知为何却一点都不懂。

可能有人会觉得不可思议，怎么会有喜欢落语而成为落语家的人不懂落语的妙趣呢，但是所谓的“懂”也是分很多层次的。不管怎么说，体会不了落语真正趣味的人是无法忍受长年累月的学徒修行的吧。这些年情况倒是大为改善了，以前底层落语家的生活都是十分凄惨的。

领悟了这门艺术的妙趣，偶尔在客人面前酣畅淋漓地表演一下逗得客人哈哈大笑，那种快乐真是无法言喻的。正因如此，落语家们才会甘于贫穷的生活，在落语这个世界里耗尽一生。

晚年潦倒凄凉是早有思想准备的

在落语的世界里，几乎不会有绝对的坏人。虽然偶尔会出现一些在容忍限度内的小恶人，但大部分情况下出现的还是善良的人们。相应地，也不会有堪当世人楷模的伟大人物，像忠臣、义士这样的人物形象是不会出现的。落语中有的都是普通人生活中常见的小人物。

他们为人和善、勤劳肯干，小心谨慎、遵守礼法却又有点小贪念，爱喝点小酒也爱玩乐，善于交际……总是冒冒失失的，爱起哄又喜欢说人闲话，有一定的正义感，懂得感恩还喜欢帮助人；小孩子们则老爱摆出一副少年老成的样子；女掌柜们都是一些长舌的妇女，生活操劳却是乐天派，斤斤计较却又处处吃亏……

落语的世界就是这样，没有什么大人物，都是一些小人物。可是正是这些平凡的小人物让我们觉得：要是这样的人生活在我们身边的话，遇到困难就一定有人帮忙；如果这样的人很多的话，我们的世界一定会变得更美好。

落语就是这样一门正面反映世界的艺术。

没什么大野心，只希望在哭笑之中平安度过每一天，子孙们健康成长，自己慢慢老去，静静离开人世……这样就够了。落语就是这样一种艺术。

在我看来，落语的基础其实就是极其普通的“常识”。

把落语归入古典表演艺术的范畴，把它跟那些具有权威性及丰富艺术性的各类传统艺术形式相提并论，我认为是很不妥当的。“我们没什么了不起的，演的都是些不值一提的东西……”如果这么说，大家一定会觉得很矫情。但事实上落语原本就是这样一种艺术。

前面我也曾说过，“落语不是正儿八经面对面拼命说的东西”，无需要汗流浃背地奋力表演。实际上，就算是汗流浃背地表演，根本上都是“这是假的啊，哄人的笑话而已。都被骗了吧。哈哈哈哈。”这样一种戏谑的态度。

艺人不管变得多伟大，归根到底都是游民（什么活都不干每天无所事事的人），是世间的多余之物——没什么用处却苟活着。特别是像落语这种“拿人开玩笑的艺术”，诙谐打趣就是它的生命所在。

最后,附上我的师傅米团治曾对我说过的话:“艺人明明连一粒米、一根钉都做不出来却要评价酒的良莠,一辈子都在表演自己喜欢的东西,所以不能那么贪婪。价值高低全凭世人评定。除了拼命磨炼自己的本领之外,艺人没有其他办法可回馈世人了。另外,既然当了艺人,就必须做好晚年潦倒凄凉的打算。”

言未能尽,暂且说到这里

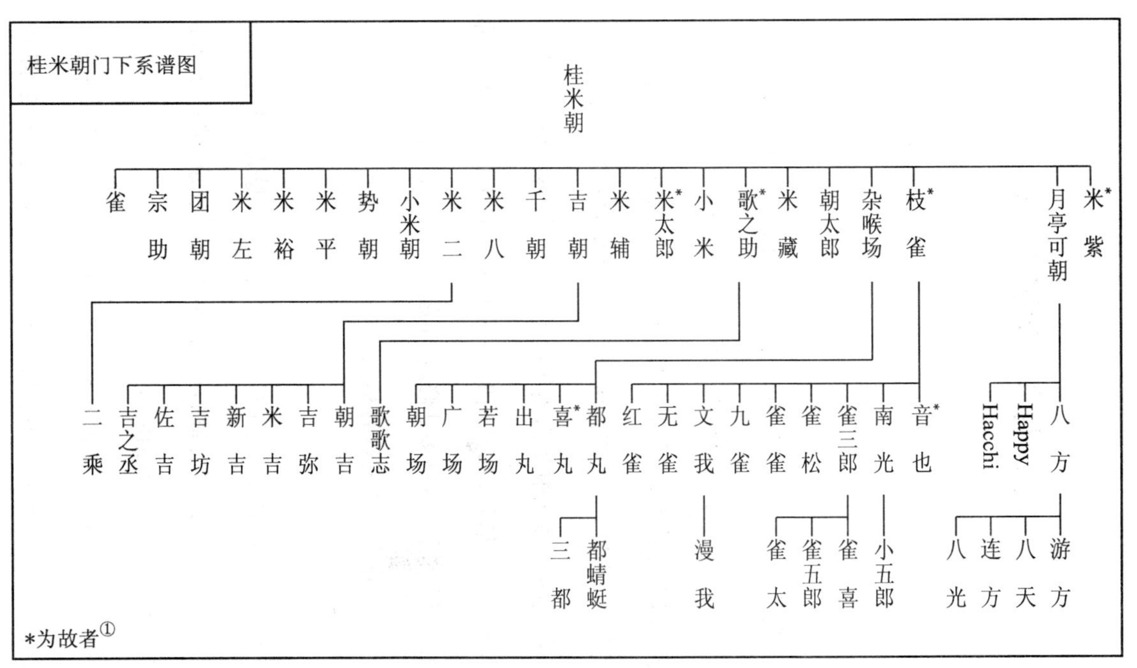

① *所标系原著再版（2005年11月）时的情况，此后，吉朝、米八离世。本书作者桂米朝因肺炎于2015年3月19日逝世。

《落语与我》新装版寄语

小沢昭一

《落语与我》这本书是昭和五十年由 POPLAR 出版社出版的“POPLAR 丛书”系列中的一册。“POPLAR 丛书”主要面向中学生以上的读者，整个系列都是全国学校图书馆协议会的指定图书，是以青少年也能读懂为方针而制作的系列读物。

最近我从书架中拿出当年的那版书打算再次阅读时从书里掉出一张明信片，那是当时我写给米朝先生的感谢信的草稿，由于写完后之后有多处修改，草稿就一直夹在书里了。

现在，我将当年的这封私人信件公开，抄录如下。

我第一时间拜读了您的《落语与我》，十分感谢！ 昨天是我在东京连续舞台公演的最后一天，本来略感疲惫，但读了米朝兄的大作却感到非常畅快、受益匪浅。

能将落语理论阐述得如此的深入浅出，我再一次为米朝兄广博精深的学识及洞察力、前瞻力所折服。特别是终章部分，让人感受到一种冲击力，作为艺术表演工作者我感觉颇受启发。

书中的内容对于我将来的工作也有重要的启示，具体内容嘛，就是“不能说的秘密”了……嘿嘿。

确实是一本佳作。

期待下次与你见面。

昭一敬上

时隔多年此次重新拜读原著，和当初相比有了更强烈的感触。

在众多落语理论书中，这本书甚至可以称得上是“有此一本足矣”的终极版。虽说为了让青少年也能读懂写得比较通俗易懂，但即便是对于自幼喜爱落语且自认为深谙落语妙趣的我来说，许多地方也令我有耳目一新的感觉。那是只有落语大家才提得出的观点，对于日本传统艺术的独到见解则让我收获良多。

试举一例：“把落语（中略）跟那些具有权威性及丰富艺术性的各类传统艺术形式相提并论，我认为是很不妥当的。‘我们没什么了不起的，演的都是些不值一提的东西……’如果这么说，大家一定会觉得很矫情。但事实上落语原本就是这样一种艺术”。以及，将师傅桂米团治的教诲“既然当了艺人，就必须做好晚年潦倒凄凉的打算”这句话作为本书的结束语。这些话不仅仅是对于落语家，对于我们所有艺术表演工作者来说都意义深刻、促人警醒。《落语与我》这本书不仅是落语的入门读物，也是所有艺术表演者的必读之作。

话说回来，现在已经是“人间国宝”的米朝先生年轻时曾经拜深爱寄席的作家正冈容为师，而我也是正冈先生的门生之一，也就是说米朝先生与我算是同门师兄弟。此外，最近三十多年来，我们都是俳句同好会“柳句会”① 的成员，我还作过“国宝国辱齐聚柳句会”这样恶搞的句子。在这里介绍几首米朝先生作的俳句吧。

春雷发聩惊鸠鸽　黄眼圆瞪恐万分

龟曳尾缓行　跌入初夏水

空空无物寂寥地　却见闹市辉光熠

春雪翩翩飘落时　欲拨电话与人诉

---

① 柳句会：1969 年于东京新宿区的连锁寿司店“银八”创立，会员包括入船亭扇桥、永六辅、小沢昭一、江国之、桂米朝、大西信行等十几位各界的俳句爱好者。据说是由于创始人之一的入船亭扇桥当时的艺名是柳家样八（柳家さん八），故会名取为“柳句会”。

先生还有很多佳句，他的俳名是“八十八”。

八十八是由米朝的米字拆比划而来的吧。八十八先生今年（平成七年）十一月将迎来八十大寿。

作为寄语的结束语，在这里祝愿米朝先生像其俳名八十八一样高寿，不对，应该是更加长寿，祝愿他长命百岁。

最后，再次深深祝福我们不可替代的名人及学者米朝先生身体健康。

图书在版编目(CIP)数据

落语与我/(日)桂米朝著;王瑜译.—南京:
南京大学出版社,2015.1
(阅读日本书系)
ISBN 978-7-305-15070-8

Ⅰ.①落… Ⅱ.①桂… ②王… Ⅲ.①桂米朝—自传
Ⅳ.①K833.135.78

中国版本图书馆 CIP 数据核字(2015)第 090051 号

出版发行 南京大学出版社
社　　址 南京市汉口路 22 号　　　　邮　编 210093
出 版 人 金鑫荣

丛 书 名 阅读日本书系
书　　名 落语与我
著　　者 桂米朝
译　　者 王　瑜
责任编辑 田　雁
照　　排 南京紫藤制版印务中心
印　　刷 江苏凤凰盐城印刷有限公司
开　　本 787×1092 1/32 印张 7.375 字数 120 千
版　　次 2015 年 1 月第 1 版 2015 年 1 月第 1 次印刷
ISBN 978-7-305-15070-8
定　　价 30.00 元

网址:http://www.njupco.com
官方微博:http://weibo.com/njupco
官方微信号:njupress
销售咨询热线:(025)83594756